Con Jesús a la Cruz

GUÍA CUARESMAL A LAS LECTURAS
DE LAS MISAS DOMINICALES:

AÑO B

Copyright © 2020 para The Evangelical Catholic
Todos los derechos reservados.

Publicado por The Word Among Us Press
7115 Guilford Drive, Suite 100
Frederick, Maryland 21704
www.wau.org

24 23 22 21 20   1 2 3 4 5

Nihil obstat:	Mons. Michael Morgan, J.D., J.C.L. Censor Librorum 8 noviembre, 2017
Imprimátur:	Su Excia. Rvdma. Mons. Felipe J. Estevez Obispo de Saint Augustine 8 noviembre, 2017
ISBN:	978-1-59325-596-1

Publicado originalmente en inglés con el título: *With Jesus to the Cross*
Traducción al español: Luis Baudry-Simón

A menos que se indique lo contrario, los textos de las Escrituras son tomados de la Biblia de Nuestro Pueblo, © 2016 por Loyola Grupo de Comunicación. Usado con permiso. Todos los derechos reservados.

Todos los derechos reservados en todo el mundo.

Extractos de la traducción al español del *Catecismo de la Iglesia Católica* © Libreria Editrice Vaticana.

Diseño de portada por Suzanne Earl

Ninguna parte de esta publicación puede reproducirse, almacenarse en un sistema de recuperación o transmitirse en cualquier forma o por cualquier medio (electrónico, mecánico, fotocopia, grabación u otro), excepto citas breves en revisiones impresas, sin la autorización previa del autor y el editor.

Hecho e impreso en los Estados Unidos de América

CONTENIDO

Introducción: Un tiempo para comenzar 5

Cómo usar esta guía 9

1° domingo de Cuaresma: Un tiempo para cambiar 15

2° domingo de Cuaresma: Un tiempo para escuchar 25

3° domingo de Cuaresma: Un tiempo para creer 37

4° domingo de Cuaresma: Un tiempo para elegir la luz.... 47

5° domingo de Cuaresma: Un tiempo para morir 63

Domingo de Ramos de la Pasión del Señor:
Un tiempo para llorar............................. 73

Domingo de Pascua: Un tiempo para vivir realmente 89

Apéndices para los participantes 101

    Apéndice A: Guía de discusión en grupos pequeños 102

    Apéndice B: Guía para buscar a Dios en la oración
    y las Escrituras 105

    Apéndice C: San Ignacio y las Dos Banderas 114

    Apéndice D: Guía para el Sacramento
    de la Reconciliación 120

Apéndices para los facilitadores 123

    Apéndice E: La función de un facilitador 124

    Apéndice F: Guía para cada sesión de
    "Con Jesús a la Cruz": Año B 130

    Apéndice G: Dirigiendo la Oración y "Conexión
    a la Cruz esta semana"....................... 144

Introducción

"Miren, éste es el tiempo favorable, éste el día de salvación".

—*2 Corintios 6:2*

¡Cuántas cosas de la vida posponemos!
"Organizaré ese armario algún día...".
"Mañana comenzaré una dieta...".
"Dejaré de fumar una vez que haya pasado este momento estresante".
"Repararé ese/esa _____ cuando el trabajo no esté tan ocupado...".
¿Cuántas personas conoce que nunca dejan de fumar, nunca pierden peso, nunca arreglan las cosas que han estado rotas y dejadas de lado por mucho tiempo?
¿No es esto cierto para todos? Todos aplazamos lo que sabemos que podemos y debemos hacer.
¿Y no hacemos lo mismo con Dios?
"Rezaré regularmente una vez que los niños estén en la escuela, una vez que estén en la universidad, una vez que crezcan..."
"Haré una confesión en otra ocasión..."
"Cuando no esté tan cansado del trabajo, me tomaré un tiempo para leer las Escrituras..."
Nuestros corazones pueden ser esa cosa dejada de lado sin atención durante un largo tiempo, pero no vamos al sanador, Jesús, el único que puede ayudarnos.
Tan apremiantes como son las partes físicas de la vida, la salud, el orden, el hogar, ¡cuánto más importantes son nuestras vidas sobrenaturales! Dios es amor, pero ¿cómo podemos experimentar su amor sin una relación con él a través de Jesús, el que Dios nos envió para salvarnos?

Dios nos muestra su amor dentro de la intimidad que viene a través del tiempo diario con él, al igual que sucede entre las personas. Si nunca pasamos ese tiempo, si nunca hemos conocido la bondad, la generosidad y el perdón sobrenaturales de Dios, ¿cómo podemos esperar ser amables, generosos y perdonarnos a nosotros mismos o a los demás? ¿Cómo puede Dios ayudarnos a crecer más allá de la arrogancia, la rudeza, la búsqueda de nosotros mismos o la ira? Eso es lo que se necesita para soportar el uno con el otro, vencer el orgullo y ser pacientes: todas las cosas que San Pablo describió como el amor en su carta a los nuevos creyentes en Corinto. Incluso la esperanza depende del amor, y ¿quién puede vivir sin esperanza? (1 Corintios 13:1-13).

Si Dios realmente amó tanto al mundo que envió a Jesús para salvarnos, ¿no quiere usted ese amor, sin importar el costo? ¿Acaso el amor no siempre necesita pasar de nuestras cabezas a nuestros corazones para ser amor en absoluto?

Es este movimiento de tu corazón lo que Dios quiere en Cuaresma, no un sacrificio de chocolate o una mera "demostración" de fe. "Rasguen los corazones y no los vestidos; conviértanse al Señor su Dios.... " (Joel 2:13).

"Miren, éste es el tiempo favorable, éste el día de salvación" (2 Corintios 6: 2); no algún día, *ahora*.

La Iglesia proclama estas lecturas cada Miércoles de Ceniza para recordarnos lo que con demasiada frecuencia descuidamos. Debido a que somos seres humanos, las demandas del mundo físico siempre parecerán más urgentes que las de nuestras almas. Necesitamos este tiempo para impulsarnos a poner a Dios y nuestra relación con Jesús en la parte superior de nuestras listas de "cosas por hacer". Necesitamos la Cuaresma para inspirarnos a "rasgar nuestros corazones".

Con Jesús a la Cruz puede ayudar a dejar de pensar "yo *debería* hacer algo para la Cuaresma; *quiero* hacer algo", y en lugar, *hacer* algo realmente. Reúna a un pequeño grupo de amigos u otros feligreses si pertenece a una parroquia, o lea cada sesión usted mismo y use las preguntas para reflexionar sobre las próximas lecturas dominicales. Encuentre por qué le importan a usted, *personalmente,* a las necesidades y los desafíos que usted experimenta en su propia vida. Dios siempre está tratando de decirle algo. Reflexionar sobre las Escrituras es la manera más fácil de escucharlo. Es por eso que la *lectio divina*, la consideración devota de la Biblia, es la práctica consagrada por la oración personal de los cristianos.

Si está en un grupo pequeño, orar juntos y animarse unos a otros a la oración diaria les ayudará a amar más a Jesús y a seguirlo de cerca, incluso a la cruz.

Los cristianos creen que la persona de Jesús de Nazaret nos muestra a Dios el Padre de una manera que podemos ver y entender, porque Jesús es Dios el Hijo encarnado, viviendo entre nosotros como uno de nosotros. Él es la "luz del mundo" (Juan 8:12); sin él, estamos en tinieblas sobre el amor de Dios por nosotros y su deseo de una relación con nosotros. Hablar con Dios y leer en oración las Escrituras trae la luz de Jesús a cada parte de nuestras vidas. Nos hace discípulos de Jesús, o "aprendices" de Dios, el significado original de la= palabra "discípulo". "Si se mantienen fieles a mi palabra, serán realmente discípulos míos, conocerán la verdad y la verdad los hará libres" (Juan 8:31-32). Cristo, que es la luz del mundo, le muestra las cosas como realmente son, revelando las mentiras de que no es lo suficientemente bueno, lo suficientemente inteligente, lo suficientemente delgado, lo suficientemente fuerte. Jesús le muestra la verdad: que somos hijos amados de Dios.

Use esta guía para reflexionar sobre las palabras y acciones de Jesús y sus primeros seguidores, y puede experimentar la verdad que él proclamó: El reino de Dios está ciertamente "cerca" (Marcos 1:15). Está muy cerca de usted porque viene a través de Jesús, que siempre está esperando por nosotros: "Yo estaré con ustedes siempre, hasta el fin del mundo" (Mateo 28:20).

Sumérjase en las Escrituras usando este libro durante la Cuaresma, y hable con Dios a través de las guías semanales. Dios puede traer una gran cosecha en su vida a través de estas prácticas. Jesús dijo que la Palabra se convierte en una semilla plantada en nuestros corazones cuando la escuchamos, que puede producir una cosecha multiplicada por treinta, sesenta o incluso cien veces (Marcos 4:20).

Pero depende de usted ser el suelo receptivo donde la semilla puede germinar y echar raíces. Sea fiel a un grupo pequeño o a la lectura personal semanal y a la reflexión sobre las preguntas. Entre reuniones o lectura, permita que Dios riegue y cuide la tierra de su alma siguiendo las sugerencias de la oración. El ayuno y la limosna, las otras prácticas de Cuaresma, fertilizarán estas semillas como ninguna otra cosa puede hacerlo. Cuando llegue la semana Santa, que el campo de su corazón se empape en la sangre del Cordero y se caliente con la resurrección del Hijo en la Pascua. Su vida será transformada.

Ahora es el tiempo favorable. Ahora es el momento de la salvación. ¡No se lo pierda!

Cómo usar esta guía

Bienvenido a *Con Jesús a la Cruz: Año B*, una guía para ayudarlo a conocer a Jesús de Nazaret más profundamente y comprender más a fondo lo que su muerte y resurrección significan en su vida.

Sesiones semanales

Las sesiones semanales usan las lecturas de las misas dominicales de Cuaresma para ayudarte a entrar en el misterio de la vida, el sufrimiento y la resurrección de Cristo, la fuente de nuestra salvación.

Cada sesión incluye oraciones iniciales y conclusivas, los pasajes de las Escrituras que se discutirán esa semana, preguntas para la discusión, ideas para la acción y pautas de oración para ayudarte durante la semana. A veces se incluyen extractos de textos de santos, papas u otros grandes maestros que arrojan luz sobre el mensaje del evangelio.

Las sesiones en esta guía son autónomas. Si tú o un amigo asisten por primera vez en la semana 3, no habrá necesidad de «ponerse al día». Cualquiera puede simplemente sumergirse directamente con el resto del grupo. Al igual que con la Cuaresma, en lugar de construir secuencialmente, las sesiones se profundizan temáticamente, ayudándote a comprometerte más con Jesús y la cruz poco a poco.

Cuanto más tomes notas, anotes ideas o preguntas, subrayes los versículos de tu Biblia (si traes una a tu grupo pequeño, lo que recomendamos), y te refieras a las sesiones de semanas anteriores, más tendrá Dios la oportunidad de hablar contigo a través de la conversación y las ideas que él coloca en tu corazón. Al igual que con cualquier esfuerzo, cuanto más uno da, más se obtiene.

La mejor manera de aprovechar la discusión de cada semana es llevar el tema a tu vida siguiendo las sugerencias en la sección «Conexión con la Cruz esta Semana». Estas invitaciones a la oración le permitirán a Jesús iluminar tu corazón y tu mente tanto en los desafíos de la Cuaresma como en la alegría de la resurrección. Si estás conversando sobre las lecturas con un grupo pequeño, el animador (también llamado «facilitador») te dará la oportunidad de compartir experiencias de la semana anterior y hablar sobre las recomendaciones para la próxima semana durante cada sesión.

Cada sesión semanal incluye pasajes de las Escrituras para la meditación sobre el tema de las lecturas dominicales de esa semana, así como las lecturas diarias de la misa de la semana entrante. Puedes encontrarlos en tu Biblia, en línea (biblegateway.com, usccb.org, la aplicación YouVersion Bible y otros sitios), o usa cualquiera de las populares aplicaciones gratuitas que presentan lecturas diarias de la misa, como Laudate, iMissal e iBreviary. Toda la New American Bible (edición de la Biblia en inglés) está disponible en el sitio web de la Conferencia de Obispos Católicos de los EE. UU., usccb.org, así como las lecturas diarias, incluida una versión de audio en inglés (http://usccb.org/bible/readings-audio.cfm). Hay muchas ediciones de la Biblia en español disponibles en línea también.

Apéndices

Hay apéndices útiles tanto para los participantes como para los facilitadores que complementan los materiales semanales. Los apéndices de A a D son para participantes, y los apéndices de E a G son para los facilitadores grupales.

Antes de tu primera reunión grupal, lee el Apéndice A, «Guía de discusión en grupos pequeños». Estas pautas ayudarán a cada persona en el grupo a establecer un tono respetuoso que cree el espacio para encontrarse con Cristo juntos. Este grupo pequeño será diferente de otros grupos de discusión que pueda haber experimentado. ¿Es una conferencia? No. ¿Un club de lectura? No. El Apéndice A te ayudará a entender qué es este grupo pequeño y cómo puedes ayudar a buscar una discusión «dirigida por el Espíritu». Cada miembro es responsable de la calidad de la dinámica del grupo. Este apéndice te ayudará a cumplir tu función como miembro solidario e involucrado del grupo.

El Apéndice B es un recurso para mejorar y profundizar tu relación con Jesús a través de la oración con las Escrituras. Introduce la *lectio divina*, el antiguo arte de escuchar la voz de Dios en su palabra, y también incluye métodos y consejos adicionales para construir hábitos de oración y meditación de las Escrituras.

El Apéndice C proporciona una versión modificada de una meditación extendida de los Ejercicios Espirituales de San Ignacio de Loyola, fundador de la orden jesuita. La sección "Conexión a la Cruz esta Semana" para el Cuarto Domingo de Cuaresma lo alienta a usar este apéndice durante la semana para explorar su conexión con Cristo.

En el Apéndice D, encontrará una guía del Sacramento de la Reconciliación, conocido comúnmente como "confesión". Este sacramento tiende un puente sobre el espacio que podemos sentir de parte de Dios que puede provenir de una variedad de causas, incluido el pecado no arrepentido. La Iglesia alienta a los católicos a recibir este sacramento cada cuaresma, pero es muy útil recibirlo con mayor frecuencia. Si quiere acercarte más a Jesús y experimentar una gran paz, el Sacramento de la Reconciliación es la vía rápida para llegar allí. Este apéndice ayudará a aliviar cualquier ansiedad, guiándolo a través de los pasos de preparación y confesión. También brinda sugerencias de recursos en línea que brindan una manera de ver su vida interior, tradicionalmente llamada "examen de conciencia".

Si bien los apéndices A a D son importantes para los participantes en grupos pequeños y los facilitadores por igual, los apéndices E a G respaldan a los facilitadores en su función. Un facilitador no es un maestro. Su función es animar la conversación, fomentar una discusión grupal fructífera y favorecer las dinámicas grupales.

El Apéndice E proporciona orientación y mejores prácticas para facilitar el éxito de un grupo pequeño, e incluye recomendaciones para cualquier dinámica de grupo difícil que pueda surgir. Encontrará pautas sobre lo que hace que un grupo funcione: construir amistades genuinas y llamar al Espíritu Santo a ser el verdadero facilitador del grupo.

Los facilitadores deben leer el Apéndice F mucho antes de la primera reunión. Tiene la guía que usted necesita para dirigir la oración y fomentar la participación en la oración de los miembros del grupo. Si bien el material de cada sesión incluye una oración sugerida, este es solo material de apoyo. Es mucho mejor para el grupo orar espiritualmente con sus propias palabras. El Apéndice F ayudará al facilitador a lograrlo.

El Apéndice G lleva al facilitador de lo general a lo específico, proporcionando notas detalladas para cada sesión de *Con Jesús a la Cruz*. Lea estas notas cuatro o cinco días antes de cada reunión grupal. Las notas le ayudarán a preparar cada sesión al proporcionar un resumen sobre el contenido y los problemas que se relacionan con la discusión de estos pasajes de las Escrituras en particular.

Aprender esta técnica es importante. Para tener una relación con Dios, todos debemos hablar con Jesús con nuestras propias palabras. Cerrar con una oración improvisada una forma invaluable de sellar el tiempo que pasaron juntos ofreciendo los descubrimientos, las preguntas, las tristezas y las alegrías de su conversación. El Apéndice G ayudará a los líderes a guiar al grupo desde sus comienzos donde podían sentirse más "incómodos" hasta una experiencia más profunda de relación con Dios.

El Apéndice G también ayudará al facilitador a incluir la sección "Conexión a la Cruz esta Semana" en la discusión de cada sesión. Proporciona sugerencias concretas sobre cómo alentar y apoyar a los miembros del grupo en su compromiso personal con los temas tratados. El facilitador juega un papel clave para ayudar a los participantes a permitir que Jesús se convierta cada vez más en el centro de sus vidas.

¡Disfrute la aventura!

DOMINGO DE CUARESMA

Un tiempo para cambiar

"Inmediatamente el Espíritu lo llevó al desierto".
—Marcos 1:12

Oración inicial

Comparta una oración de la Iglesia que se relacione con el tema de esta sesión haciendo que una persona lea lentamente en voz alta la oración en la página opuesta mientras los demás oran silenciosamente en sus corazones. Esta es una adaptación de la antigua Oración de Cuaresma de San Efrén el Sirio.[1]

---

[1] Tomado de "La oración de Cuaresma de San Efrén el Sirio", Las Carmelitas Descalzas en Tierra Santa, https://caminitoespiritual.blog/2017/03/19/la-oracion-de-cuaresma-de-san-efren-el-sirio

En el nombre del Padre y del Hijo y del Espíritu Santo.
Señor y Maestro de vida,
no me abandones al espíritu de pereza, de desánimo,
de dominación y de vana charlatanería.

Antes bien, hazme la gracia, a mi tu siervo, del espíritu de castidad,
de humildad, de paciencia y de caridad.

Sí, Señor-Rey, concédeme el ver mis faltas
y no condenar a mi hermano.
Oh, Tú, que eres bendito por los siglos de los siglos.

Amén.

Conversación de apertura

1. ¿Alguna vez alguien hizo un viaje o un retiro que tuvo un impacto significativo en su vida? ¿Alguien está dispuesto a compartir sobre esto?

2. Como está preparando para celebrar la temporada de Cuaresma?

Escritura y Tradición

Pídale a una persona que lea el pasaje de las Escrituras en voz alta.

Lectura

Génesis 9:8-15

⁸ Dios dijo a Noé y a sus hijos: ⁹ "Yo hago una alianza con ustedes y con sus descendientes, con todos los animales que los acompañaron: aves, ganado y fieras; con todos los que salieron del arca y ahora viven en la tierra. ¹¹ Hago alianza con ustedes: El diluvio no volverá a destruir la vida ni habrá otro diluvio que destruya la tierra". ¹² Y Dios añadió: "Ésta es la señal de la alianza que hago con ustedes y con todos los seres vivientes que viven con ustedes, para todas las edades: ¹³ Pondré mi arco en el cielo, como señal de alianza con la tierra. ¹⁴ Cuando yo envíe nubes sobre la tierra, aparecerá en las nubes el arco, ¹⁵ y recordaré mi alianza con ustedes y con todos los animales, y el diluvio no volverá a destruir los vivientes.

1. ¿Alguien puede resumir brevemente por qué Dios le dijo a Noé que construyera el arca?

2. ¿Cuáles son algunas de las emociones que Noé y su familia pudieron haber sentido durante el diluvio?

3. ¿Alguien sabe lo que es una alianza? ¿Qué creen que implica?

4. Una vez que recibieron esta alianza mostrada en el arcoíris, ¿cómo creen que Noé y su familia describieron los atributos de Dios?

5. ¿De qué manera la consideración de la experiencia de Noé y su familia aumenta su comprensión de la relación de Dios con nosotros?

6. ¿Pueden pensar en formas de aplicar esta historia del diluvio y el pacto a su propia vida espiritual? ¿Alguna vez ha sentido que estaba abrumado, como Noé por el diluvio, y que Dios hizo algo hermoso de ese momento?

Pídale a una persona que lea el pasaje de las Escrituras en voz alta.

Lectura

Marcos 1:12-15

^{12} Inmediatamente el Espíritu lo llevó al desierto, ^{13} donde pasó cuarenta días y fue tentado por Satanás. Vivía con las fieras y los ángeles le servían. ^{14} Cuando arrestaron a Juan, Jesús se rigió a Galilea a proclamar la Buena Noticia de Dios ^{15} diciendo: "Se ha cumplido el tiempo y está cerca el reino de Dios: arrepiéntanse y crean en la Buena Noticia".

7. Según el Evangelio de Marcos, ¿por qué Jesús fue al desierto (versículo 12)?

8. ¿Qué hace Jesús después de su tiempo en el desierto, y qué significa para usted, personalmente, sus acciones y palabras?

9. La Cuaresma dura cuarenta días (excluyendo los domingos). Al igual que el diluvio, el desierto se puede entender como un símbolo de nuestra vida interior, por ejemplo, un tiempo de purificación o búsqueda. ¿Qué significaría para usted ir al desierto esta Cuaresma? ¿Cómo le gustaría hacerlo?

10. Las bestias salvajes son exclusivas de la descripción del Evangelio de Marcos de los cuarenta días de Jesús en el desierto. (Mateo y Lucas cuentan la historia más larga de las tentaciones satánicas). Si entendemos las bestias salvajes simbólicamente, ¿cuál cree que sea su "bestia"? *Haga una pausa.* ¿Alguien está dispuesto a compartir?

Conexión con la Cruz esta Semana

El tiempo rara vez permite la discusión de las tres lecturas en grupos pequeños. En un día antes del primer domingo de Cuaresma, piense u ore acerca de esta breve segunda lectura de 1ª Pedro. Las preguntas lo ayudarán a meditar en el pasaje para descubrir lo que Dios tiene para decirle a través de él.

Lectura

1ª Pedro 3:18-22

[18] Porque Cristo murió una vez por nuestros pecados, el justo por los injustos para llevarlos a ustedes a Dios: sufrió muerte en el cuerpo, resucitó por el Espíritu [19] y así fue a proclamar también a las almas encarceladas: [20] a los que en un tiempo no creían, cuando la paciencia de Dios esperaba y Noé fabricaba el arca, en la cual unos pocos, ocho personas, se salvaron atravesando el agua. [21] Para ustedes, todo esto es símbolo del bautismo que ahora los salva, que no consiste en lavar la suciedad del cuerpo, sino en el compromiso con Dios de una conciencia limpia; por la resurrección de Jesucristo, [22] que subió al cielo y está sentado a la derecha de Dios después de

poner bajo su dominio a los ángeles, a las potestades y a las dominaciones.

1. ¿Qué dice el versículo 18 que hizo Cristo?

En este pasaje, San Pedro enseñó a los cristianos en la Iglesia primitiva que el Dios al que Jesús nos quiere llevar, su Padre que está en el cielo, es el mismo Dios de Noé en las Escrituras hebreas. San Pedro explica el misterioso poder de nuestras aguas bautismales para traer una nueva vida, no solo cuando recibimos el sacramento, sino a lo largo de toda nuestra vida. Aunque todavía hacemos errores y luchamos, los católicos creemos que, a través de la gracia sacramental del bautismo, podemos buscar "una conciencia limpia", y que eso nos viene "por la resurrección de Jesucristo".

2. ¿Siente que cuando ha tenido una conciencia limpia, ésta le llegó de alguna manera a través de "la resurrección de Jesucristo"?

3. ¿Qué significa la enseñanza de San Pedro para usted, personalmente? Ore sobre esto. Pídale a Jesús que le muestre lo que significa su bautismo.

En los otros días de esta semana, elija una o dos de las siguientes sugerencias que le resulten atractivas. Planifique cuándo lo hará poniéndolas en su calendario y luego comprométase a seguirlas. Esto puede parecer excesivo, pero programar un momento específico para hacer algo nos ayuda a lograr nuestros objetivos. ¿Puede pensar en algo que logras sin planearlo primero y luego dedicarle tiempo para hacerlo? La oración es igual, ¡solo que es aún *más* importante! ¡Hablar con Jesús nos conecta con Dios, la fuente de todo lo real y bueno! Planificar le ayudará a hacer una o dos cosas adicionales esta semana para acercarse más a Jesús y comenzar su relación con él o construirla. Para obtener ayuda para meditar en las Escrituras, vea el Apéndice B, "Una guía para buscar a Dios en oración y en las Escrituras".

- Lo más recomendado: Pase tiempo orando con las lecturas diarias de esta semana. La Iglesia los escogió muy intencionalmente para la Cuaresma, para guiarlo a una conversión más profunda. Nada le llevará al misterio salvífico de la muerte y resurrección de Jesús como pasar tiempo con él leyendo las Escrituras en oración y hablando con Dios acerca de ellas. Encontrará las lecturas de la misa que se enumeran a continuación y al final de cada capítulo. Busque "lecturas de las misas diarias" en Internet para tenerlas con usted en un dispositivo cuando y donde las necesite. (El sitio web de la USCCB [Conferencia de los obispos católicos de los EE. UU.] proporciona las lecturas diarias en un formato conveniente, y puede escucharlas leídas en voz alta también).

- El Apéndice B describe la lectio divina, un método de oración de las Escrituras de la antigua Iglesia útil para escuchar a Dios hablar en nuestros corazones. Esta práctica le enriquecerá y será fuente de desafío para usted, y traerá consuelo a su vida.

- Escriba la oración de San Efrén, o una o dos líneas de la misma, en una tarjeta y péguela con cinta adhesiva en el espejo de su baño o en el tablero de su automóvil. Que esto le recuerde rezarla todos los días esta semana para que las palabras del santo puedan inspirarle a ser fiel a sus objetivos espirituales para la Cuaresma.

- Vaya a una misa diaria esta semana. Permita que sea algo así como un viaje al desierto de Dios y lejos del ajetreo de su jornada.

Lecturas de las misas de esta semana:

Lunes:
- Levítico 19:1-2, 11-18
- Salmos 19:8-10, 15
- Mateo 25:31-46

Martes
- Isaías 55:10-11
- Salmos 34:4-7, 16-19
- Mateo 6:7-15

Miércoles:
- Jonás 3:1-10
- Salmos 51:3-4, 12-13, 18-19
- Lucas 11:29-32

Jueves:
- Ester C:12, 14-16, 23-25
- Salmos 138:1-3, 7-8
- Mateo 7:7-12

Viernes:
- Ezequiel 18:21-28
- Salmos 130:1-8
- Mateo 5:20-26

Sábado:
- Deuteronomio 26:16-19
- Salmos 119:1-2, 4-5, 7-8
- Mateo 5:43-48

Oración conclusiva

Los ángeles no solo sirven a Jesús y a nosotros; ¡podemos servirnos el uno al otro! Tomen turnos para expresar algo por lo que necesitan oración. Idealmente, este pedido de oración debe estar en relación con la discusión. (Por ejemplo, puede sentir que la muerte y la resurrección de Jesús deberían tener un papel significativo en su vida, o puede sentir que necesita una "nueva alianza" con Dios debido a un sufrimiento o un pecado pasados. Las posibilidades son infinitas). Pero ya sea que tenga relación con las lecturas o no, pida lo que realmente necesita. El líder resumirá estas peticiones en una oración al final y las elevará a Dios antes de cerrar con la oración de San Ignacio.

Escuche atentamente los pedidos de oración de las otras personas para que pueda orar por las necesidades de los demás durante la semana. De esa manera, serán el uno servidor del otro.

En el nombre del Padre y del Hijo y del Espíritu Santo.

Oh Cristo Jesús, cuando todo es oscuridad
y sentimos nuestra debilidad e impotencia,
danos el sentido de tu presencia,
tu amor y tu fortaleza.
Ayúdanos a tener una confianza perfecta
en tu amor protector
y la fortaleza de tu poder,
de manera que nada pueda asustarnos o preocuparnos,
para que, los que vivamos cerca de Ti,
Veamos tu mano,
tu propósito,
tu voluntad a través de todas las cosas[2].

Amén.

---

[2] "Oración de San Ignacio de Loyola para salir de la desesperanza y la depresión", Píldoras de Fe, https://www.catholic-television.com/es/oracion-contra-la-depresion-san-ignacio-loyola

DOMINGO DE CUARESMA

Un tiempo para escuchar

"Entonces vino una nube que les hizo sombra, y salió de ella una voz: Éste es mi Hijo querido. Escúchenlo".
—Marcos 9:7

Oración inicial

Pídale a alguien que ore con sus propias palabras, o lea la oración siguiente en voz alta lentamente mientras los demás oran en silencio.

> En el nombre del Padre y del Hijo y del Espíritu Santo.
>
> Jesús, tú nos pides que vayamos contigo a la montaña.
> En la cima tropezamos con nuestras palabras;
> Buscamos algo que hacer.

Enséñanos, Padre, cómo estar quietos y escuchar a tu Hijo.
Haz nuestros corazones estén quietos ahora; ábrelos para escuchar y recibir tu palabra, la Palabra de Vida.

Amén.

Conversación de apertura

1. ¿Alguien encontró tiempo para leer y pensar en el pasaje de San Pedro antes de la Misa? ¿Cómo afectó eso su experiencia de la Misa?

2. En una escala del 1 al 10, califique su nivel de comodidad con el silencio con personas que conoce y luego con personas que no conoce (1 es "No lo soporto"; 10 siendo "Estoy completamente a gusto").

3. Si pasa tiempo en silencio con Dios, en una escala del 1 al 10, califique su nivel de comodidad durante ese tiempo.

4. ¿Es este número más similar a su nivel de comodidad con alguien que conoce o con alguien que no conoce? ¿Qué conclusiones puede sacar?

Escritura y Tradición

Pídale a una persona que lea el pasaje de las Escrituras en voz alta.

Lectura

Marcos 9:2-10

² Seis días más tarde tomó Jesús a Pedro, a Santiago y a Juan y se los llevó aparte a una montaña elevada. Delante de ellos se transfiguró: ³ su ropa se volvió de una blancura resplandeciente, tan blanca como nadie en el mundo sería capaz de blanquearla. ⁴ Se les aparecieron Elías y Moisés conversando con Jesús. ⁵ Pedro tomó la palabra y dijo a Jesús: "Maestro, ¡qué bien se está aquí! Vamos a armar tres carpas: una para ti, otra para Moisés y otra para Elías". ⁶ No sabía lo que decía, porque estaban llenos de miedo. ⁷ Entonces vino una nube que les hizo sombra, y salió de ella una voz: "Éste es mi Hijo querido. Escúchenlo". ⁸ De pronto miraron a su alrededor y no vieron más que a Jesús solo con ellos.

⁹ Mientras bajaban de la montaña les encargó que no contaran a nadie lo que habían visto, hasta que el Hijo del Hombre resucitara de entre los muertos. ¹⁰ Ellos cumplieron aquel encargo, pero se preguntaban qué significaría resucitar de entre los muertos.

1. ¿Qué le sorprende de esta historia? ¿Hay algo que no haya notado anteriormente?

2. Pedro, Santiago y Juan ven a Jesús conversando con Moisés y Elías. Recapitule sus respuestas y otros acontecimientos en el orden en que ocurren.

3. ¿Cómo podría explicar la razón detrás de la propuesta de Pedro de construir viviendas para ellos tres?

4. ¿De qué cree que los apóstoles estaban "llenos de miedo" (versículo 6)?

5. Los intérpretes bíblicos nos dicen que Moisés representa la ley y Elías los profetas.[3] ¿De qué manera el conocer los roles de Moisés y Elías aumenta su comprensión de lo que está sucediendo en la Transfiguración?

6. Santo Tomás de Aquino nos dice que toda la Trinidad está presente en el Monte Tabor para la Transfiguración.[4] ¿Cómo identificaría usted la presencia del Espíritu Santo? ¿La presencia del Espíritu Santo agrega algo a su comprensión de la historia?

7. Dios les dice a los discípulos: "Éste es mi Hijo querido. Escúchenlo" (versículo 7). ¿Qué significa escuchar a Cristo? ¿Cómo puede hacerlo?

8. Jesús quiere que todos nosotros salgamos de la multitud para poder estar con él en un lugar tranquilo. ¿Qué obstáculos enfrenta usted al seguirlo mientras sube a la montaña? ¿Qué le impide ir?

9. ¿Ha experimentado algún obstáculo que los discípulos experimentaron en la cima de la montaña? ¿El miedo? ¿La compulsión a hablar? ¿A hacer?

---

[3] Traducción al español de la nota al pie en la edición de la Biblia en lengua inglesa *New American Bible Revised Edition*: "Moisés y Elías representan, respectivamente, la ley y la profecía en el Antiguo Testamento y están vinculados al Monte Sinaí". http://www.usccb.org/bible/mark/9:35.

[4] "Apareció toda la Trinidad…" dice Santo Tomás de Aquino, citado en *Catecismo de la Iglesia Católica*, 555.

(Pausa). ¿Cuáles son algunas cosas concretas que podría hacer para superar sus propios obstáculos y simplemente estar con Dios?

Si tienen tiempo, pida a una persona que lea lo siguiente en voz alta. Si no, léalo y reflexione sobre las preguntas antes de su próxima reunión.

Thomas Keating fue un monje y sacerdote trapense que, como otros monjes en su orden, siguió la Regla de San Benito y practicó períodos de silencio. Sus muchos libros enseñan sobre la contemplación, una forma de profundizar nuestra relación con Dios a través de la oración silenciosa.

Jesús en su Divinidad es la fuente de la contemplación. Cuando la presencia de lo Divino se experimenta como abrumadora, estamos interiormente obligados a contemplar. Tal era la situación de los apóstoles en el Monte Tabor cuando fueron testigos de la gloria de Dios brillando a través de la humanidad de Jesús. Cayeron con los rostros en tierra…

Jesús llevó consigo a los tres discípulos que estaban mejor preparados para recibir la gracia de la contemplación; es decir, los que más habían avanzado en cambiar sus corazones. Dios se acercó a ellos a través de su sentido por medio de la visión en la montaña. Al principio estaban intimidados y encantados. Peter quería quedarse allí para siempre. De repente, una nube los cubrió, ocultando la visión y dejando sus sentidos vacíos y silenciosos, pero atentos y alertas. El gesto de caer sobre sus rostros expresaba con precisión su estado de ánimo. Era una postura de adoración, gratitud y amor, todo en uno. La voz del cielo despertó su conciencia a la presencia del Espíritu, que siempre había estado hablando dentro de ellos, pero que hasta entonces nunca habían podido escuchar. Su vacío interior estaba lleno de la presencia luminosa de lo divino. Al toque de Jesús, volvieron a sus percepciones ordinarias y lo vieron como era antes, pero con la conciencia transformada de la fe. Ya no lo vieron como un simple ser humano. Sus facultades receptivas y activas habían sido unificadas por el Espíritu; la palabra interior y exterior de Dios se había convertido en una. Para aquellos que han alcanzado esta conciencia, la vida diaria es una revelación continua y creciente de Dios. Las palabras que escuchan en las Escrituras y en la liturgia confirman lo que han aprendido a través de la oración que es la contemplación.[5]

10. El P. Keating dice que Jesús tomó a los tres discípulos porque eran los que habían avanzado más en el cambio de sus corazones para recibir la gracia. Esto implica que Dios nos prepara para recibir las gracias que Él quiere darnos, y nosotros cooperamos con esa preparación. ¿Eso le parece verdadero? ¿Qué hace usted, o qué podría hacer usted, para prepararse para encontrarse con Dios en la oración?

Conexión con la Cruz esta Semana

La segunda lectura del domingo es Romanos 8:31b-34. Antes del domingo, use este pasaje como materia de oración y considere las siguientes preguntas.

---

[5] Traducción del inglés de Thomas Keating, OCSO, *Open Mind, Open Heart* (Rockport:, MA Element, 1992), págs. 16–18.

Lectura

Romanos 8:31b-34

³¹ᵇSi Dios está de nuestra parte, ¿quién estará en contra? ³² El que no reservó a su propio Hijo, sino que lo entregó por todos nosotros, ¿cómo no nos va a regalar todo lo demás con él? ³³ ¿Quién acusará a los que Dios eligió? Si Dios absuelve, ³⁴ ¿quién condenará? ¿Será acaso Cristo Jesús, el que murió y después resucitó y está a la diestra de Dios y suplica por nosotros?

1. ¿Siente que Dios es "para usted"? Hable con Jesús sobre cualquier sentimiento y pensamiento que tenga sobre esto.

2. San Pablo pregunta: "¿quién condenará?" (versículo 34) porque Jesús murió por usted, su discípulo, para que sea liberado de la condenación y recibas una nueva vida. ¿Usted se condena a sí mismo? ¿A los demás? Hable con Jesús sobre esta área de tu vida. Pídale su ayuda para crecer y superar la condena de sí mismo y de los demás.

Otros días antes de la próxima reunión:

Si ya oras a diario, agregue el silencio a su oración. Trate de descansar en silencio en el Señor un día de esta semana. Simplemente voltee su mirada hacia Dios, y continúe reenfocándose cada vez que note que está distraído. Usted *se distraerá*; incluso los que practican la oración en silencio desde hace mucho tiempo experimentan distracciones, y ¡todos los grandes maestros de la oración dicen que no importa en lo más mínimo! El corazón de los padres se llena de alegría cuando un niño pequeño los mira con los ojos llenos de amor, incluso por un momento o dos, antes de que la atención del niño salte a otra cosa. ¡Nuestro Padre Dios nos ama de la misma manera! Dios creó nuestras mentes; él sabe cómo saltan de una cosa a otra.

Muchas técnicas pueden ayudarnos a sentarnos cómodamente en oración silenciosa. Una simple es imaginarse su corazón como un cuenco vacío, inclinado hacia Dios, rellenado por Dios sin necesidad de palabras. O puede concentrarse en su respiración: haga una pausa por un segundo después de tomar aire y haga una pausa por otro segundo antes de expirar. La palabra bíblica utilizada para "espíritu" es aliento. Dios sopló la vida en nosotros. Nuestras vidas dependen de nuestro aliento. Concentrarse en él le permite enfocarse en el Espíritu y la realidad de la vida misma en ese momento.

Puede encontrar estas sugerencias útiles; si no, ¡omítalas! Pero no importa lo que haga, confíe en que está en la presencia de Dios. Jesús dijo: "Yo estaré con ustedes siempre, hasta el fin del mundo" (Mateo 28:20). ¡Créale!

Si todavía no ora a diario, intente orar durante quince minutos (solo el de su día). Si encuentra el silencio difícil, lea el pasaje del Evangelio de ese día (consulte la lista de lecturas diarias a continuación). Piénselo. Hable con Dios sobre sus pensamientos, y luego descanse por un momento o dos con Dios. (Para obtener más orientación, consulte el Apéndice B "Guía para buscar a Dios en la oración y las Escrituras", que explica la *lectio divina,* el antiguo método cristiano de orar con las Escrituras). Dé gracias a Dios por las bendiciones en su vida, y cierre con un Padre Nuestro.

Lecturas de las misas de esta semana:

Lunes:
- Daniel 9:4-10
- Salmos 79:8-9, 11, 13
- Lucas 6:36-38

Martes:
- Isaías 1:10, 16-20
- Salmos 50:8-9, 16-17, 21, 23
- Mateo 23:1-12

Miércoles:
- Jeremías 18:18-20
- Salmos 31:5-6, 14-16
- Mateo 20:17-28

Jueves:
- Jeremías 17:5-10
- Salmos 1:1-4, 6
- Lucas 16:19-31

Viernes:
- Génesis 37:3-4, 12-13, 17-28
- Salmos 105:16-21
- Mateo 21:33-43, 45-46

Sábado:
- Miqueas 7:14-15, 18-20
- Salmos 103:1-4, 9-12
- Lucas 15:1-3, 11-32

2º domingo de Cuaresma

Oración conclusiva

Comparta primero sus necesidades de oración. El líder u otra persona puede resumirlas antes de cerrarlas con la siguiente oración o un Padre Nuestro.

En el nombre del Padre y del Hijo y del Espíritu Santo.

En el silencio.
Una invitación a los lugares que mantenemos ocultos.
Enterrados bajo el ruido, la actividad, la preocupación,
ahí está el lugar tranquilo donde Dios espera.
Un pie, ahora otro:
desciende la escalera.

Ahora, allí, en tu corazón,
respira el Espíritu
quien no tiene miedo
de tu pecado,
de tu debilidad,
de tu vergüenza,
pero que espera en medio de él
para abrazarte,
para consolarte,
para quemar,
lo que te separa.

Amén.

DOMINGO DE CUARESMA

Un tiempo para creer

"El celo por tu casa me devora".
—*Juan 2:17*

Oración inicial

Pídale a alguien que ore con sus propias palabras, o lea la oración siguiente en voz alta lentamente mientras los demás oran en silencio.

> Oración antes del estudio de Santo Tomás de Aquino
>
> En el nombre del Padre y del Hijo y del Espíritu Santo.
>
> Creador inefable,
> que en los tesoros de tu sabiduría
> has establecido tres jerarquías de Ángeles,
> y las has colocado
> sobre el cielo empíreo con orden admirable
> y has dispuesto admirablemente todas las partes del universo.

Tú, pues, que eres considerado verdadera fuente de la luz,
y principio eminentísimo de la sabiduría,
dígnate infundir un rayo de tu claridad
en las tinieblas de mi inteligencia,
alejando de mí las dos clases de tinieblas con las que he nacido:
la del pecado y la de la ignorancia.
Tú, que sueltas las lenguas de los niños,
prepara mi lengua
e infunde la gracia de tu bendición en mis labios.
Concédeme la agudeza para entender, la capacidad para asimilar,
el modo y la facilidad para aprender,
la sutileza para interpretar y la gracia abundante para hablar.
Instruye el comienzo,
dirige el desarrollo, completa la conclusión.
Tú, que eres verdadero Dios y hombre,
y que vives y reinas por los siglos de los siglos.[6]

Amén.

Conversación de apertura

1. ¿Alguien rezó con la segunda lectura de Romanos antes de la Misa del domingo, o la lectura de Thomas Keating? ¿Cómo le fue?

2. ¿Qué es la "santa ira"? ¿Cómo la describiría? ¿Alguna vez la ha experimentado?

---

[6] "Oración para antes de estudiar", Aciprensa https://www.aciprensa.com/recursos/oracion-para-antes-de-estudiar-de-santo-tomas-de-aquino-4061

Escritura y Tradición

Pida a dos personas que lean esta explicación en voz alta:

Lectura

Antes de que los romanos destruyeran el segundo templo en el año 70 D.C., los judíos visitaban Jerusalén durante todo el año, observando las festividades religiosas con sacrificios de animales en el Templo. El edificio del templo y el recinto eran enormes, cubriendo una sexta parte de la superficie de Jerusalén.[7]

El Patio de los Gentiles donde se lleva a cabo esta historia del Evangelio era parte del complejo del Templo. Contenía una gran área al aire libre y abierta, muy concurrida de peregrinos, los animales sacrificados para la Pascua y los sacerdotes y levitas que dirigían la actividad. Los comerciantes vendían ganado, ovejas o cabras a judíos ricos; los judíos más pobres traían sus propios animales o compraban palomas. Los cambistas hacían posible que los judíos pagasen el impuesto del Templo ya que los judíos de otras tierras traían moneda extranjera. En la Pascua, la festividad judía más importante del año, un gran número de personas habría estado en los recintos del Templo, incluidos los adoradores gentiles a quienes no se les permitía ingresar al santuario.

---

[7] La pintura "Reconstrucción de Jerusalén y el templo de Herodes" transmite la enormidad del templo durante la época de Jesús. Puedes encontrar una imagen aquí: https://www.brooklynmuseum.org/opencollection/objects/13389

Pídale a una persona que lea el pasaje de las Escrituras en voz alta.

Lectura

Juan 2:13-25

[13] Como se acercaba la Pascua judía, Jesús subió a Jerusalén. [14] Encontró en el recinto del templo a los vendedores de bueyes, ovejas y palomas, y a los que cambiaban dinero sentados. [15] Se hizo un látigo de cuerdas y expulsó a todos del templo, ovejas y bueyes; esparció las monedas de los que cambiaban dinero y volcó las mesas; [16] a los que vendían palomas les dijo: "Saquen eso de aquí y no conviertan la casa de mi Padre en un mercado". [17] Los discípulos se acordaron de aquel texto: "El celo por tu casa me devora". [18] Los judíos le dijeron: "¿Qué señal nos presentas para actuar de ese modo?". [19] Jesús les contestó: "Derriben este santuario y en tres días lo reconstruiré". [20] Los judíos dijeron: "Cuarenta y seis años ha llevado la construcción de este santuario, ¿y tú lo vas a levantar en tres días?". [21] Pero él se refería al santuario de su cuerpo. [22] Y cuando resucitó de entre los muertos, los discípulos recordaron que había dicho eso y creyeron en la Escritura y en las palabras de Jesús.

[23] Estando en Jerusalén por las fiestas de Pascua, muchos creyeron en él al ver las señales que hacía. [24] Pero Jesús no se confiaba de ellos [25] porque los conocía a todos; no necesitaba informes de nadie, porque él sabía lo que hay en el interior del hombre.

1. ¿Qué hizo Jesús? Enumere y describa sus acciones. Si alguien ha visto animales en manada, por favor comparta lo que pudo haber parecido el patio del Templo.
2. ¿Cómo se transforma la escena cuando Jesús comienza a actuar? ¿De qué manera pueden haber reaccionado los diferentes tipos de personas presentes en el patio?
3. ¿Qué pasaje de las Escrituras llega a la mente de los discípulos mientras observan la acción de Jesús (v. 17), y qué nos dice eso acerca de la actitud y el tono de Jesús?
4. ¿Dirías que alguna vez has sentido "celo" por la casa de Dios o por Jesús? Si es así, ¿cuáles fueron las circunstancias? Si no, ¿qué cree que le llevaría a sentirse celoso por Dios?
5. Jesús compara su cuerpo con el Templo en los versículos 19-21. ¿Cuáles son algunas de las implicaciones de esta afirmación? ¿Qué significa para sus discípulos?
6. ¿Por qué crees que "los judíos" pidieron una señal (versículo 18)? ¿Qué crees que esperaban que hiciera Jesús?
7. ¿Podría haber una buena razón para pedirle a Dios una señal? ¿Cuál sería un buen motivo?
8. ¿Alguna vez le ha pedido a Dios una señal? ¿Alguien está dispuesto a compartir sobre esto? ¿Qué era lo que usted quería? ¿Sintió que recibió lo que esperaba, u otra cosa, o nada?

Pídale a una persona que lea el pasaje de las Escrituras en voz alta.

Lectura

1 Corintios 1:22-25

^{22} Porque los judíos piden milagros, los griegos buscan sabiduría, ^{23} mientras que nosotros anunciamos un Cristo crucificado, escándalo para los judíos, locura para los paganos; ^{24} pero para los llamados, tanto judíos como griegos, un Cristo que es fuerza y sabiduría de Dios. ^{25} Porque la locura de Dios es más sabia que la sabiduría de los hombres y la debilidad de Dios más fuerte que la fortaleza de los hombres.

9. ¿Alguna vez la cruz ha sido un "escándalo" para usted? ¿Alguien está dispuesto a compartir sobre esto?

10. ¿Diría que está más inclinado a buscar señales de Dios, o buscar ideas intelectuales sobre Dios (sabiduría), o alguna combinación de ambas? ¿Tal vez usted tiende a querer algo completamente diferente de Dios? Si es así, ¿qué cosa?

11. Cualquier cosa que tienda a buscar de Dios, ¿cómo diría que esa tendencia afecta su vida espiritual y las interacciones de nuestro grupo?

12. ¿Cómo experimenta a Cristo como " fuerza y sabiduría de Dios" en su vida (versículo 24)? ¿O diría que estas son ideas que usted cree pero que no necesariamente experimenta?

13. ¿De qué maneras sentir que experimentan la fuerza y la sabiduría de Dios las personas que no lo sienten?

Conexión con la Cruz esta Semana

Comprométase a orar durante quince minutos esta semana.

En un día, ore con la primera lectura de este domingo que no tuvimos tiempo de discutir: Éxodo 20:1-17, los Diez Mandamientos. Los mandamientos pueden ayudarnos a ver dónde y cómo Dios nos llama a vivir nuestra fe lo que creemos más plenamente, o actuar con más amor o con más integridad. Lea sobre ellos en la oración, y luego pregúntele a Jesús acerca de qué mandamientos podría observar mejor o más sinceramente. Pídale al Espíritu Santo que le recuerde los mandamientos específicos durante la jornada cuando necesite un recordatorio. Si le cuesta incluso querer cambiar un comportamiento, pídale al Padre la gracia para *desear* observar un mandamiento más completa y fielmente.

En los otros días, ore con las lecturas de la Misa diaria que se enumeran a continuación usando las instrucciones del Apéndice B para la *lectio divina*, o elija entre estas sugerencias:

- Si su fe en el poder de la cruz se siente tibia o incierta, hable con alguien que tenga una gran convicción esta semana. Exprese sus propias dudas e incertidumbre, y pregunte cómo esa persona llegó a una creencia tan firme.

- En la tradición católica, observar la Cuaresma incluye dar limosnas. Si no ha dado a los pobres como parte de su sacrificio de Cuaresma, pídale a Jesús que mueva su corazón con compasión hacia la persona u organización que él quiere que usted apoye. Si no se le ocurre nada, descubra cómo ayudar en una despensa de alimentos o en un programa de comidas. Haga una donación a Catholic Relief Services, Catholic Charities o cualquier organización de servicio. Si se siente obligado a dar dinero, haga todo lo posible por dar su contribución en secreto. Jesús promete que el Padre recompensa a los que dan en secreto (Mateo 6:1-4).

- Si no ha planeado ayunar o practicar otras penitencias en esta Cuaresma, piense en algo que puedas hacer esta semana por amor a Jesús. Tal vez podría omitir una comida para pasar tiempo con un compañero de trabajo que parece solitario. Tal vez podrías visitar a un familiar anciano al que rara vez visita porque no disfruta estar allí. A través de nuestras penitencias y actos de servicio, elegimos concretamente amar a Dios y a los demás por encima de nosotros mismos.

Lecturas de las misas de esta semana:

Lunes:
- 2 Reyes 5:1-15a
- Salmos 42:2-3; 43:3-4
- Lucas 4:24-30

Martes:
- Daniel 3:25, 34-43
- Salmos 25:4-9
- Mateo 18:21-35

Miércoles:
- Deuteronomio 4:1, 5-9
- Salmos 147:12-13, 15-16, 19-20
- Mateo 5:17-19

Jueves:
- Jeremías 7:23-28
- Salmos 95:1-2, 6-9
- Lucas 11:14-23

Viernes:
- Oseas 14:2-10
- Salmos 81:6-11, 14, 17
- Marcos 12:28-34

Sábado:
- Oseas 6:1-6
- Salmos 51:3-4, 18-21
- Lucas 18:9-14

Oración conclusiva

En lugar de hacer peticiones que una persona resumirá en una oración, esta semana, después de rezar la Señal de la Cruz, pedirle directamente a Dios lo que necesite. Jesús nos dijo que pidamos, toquemos y busquemos (véase Mateo 7:7) para nuestras propias necesidades e incluso frente a los demás en un grupo. Las oraciones familiares que todos conocemos y que podemos decir juntos tienen su lugar, pero una nueva profundidad viene a la oración en grupo cuando cada uno de nosotros comienza a expresar nuestras necesidades o nuestra gratitud a Dios directamente. Después de que las personas hayan orado, la persona que abre la oración cerrar con el Gloria.

DOMINGO DE CUARESMA

Un tiempo para elegir la luz

"La luz vino al mundo, y los hombres prefirieron las tinieblas a la luz "
—Juan 3:19

Oración inicial

Pídale a alguien que lea el siguiente párrafo.

> Rezaremos este salmo en la misa el próximo domingo. Describe el dolor de los músicos del templo judío en el exilio después de que fueron deportados a Babilonia. Los babilonios sitiaron Jerusalén, arrasaron el Templo y llevaron consigo a los líderes religiosos y políticos, una práctica común para evitar que los pueblos conquistados volvieran a levantarse. Jerusalén permaneció en ruinas con una población diezmada luchando por sobrevivir; Babilonia obtuvo como beneficio un grupo de

esclavos altamente educado, musicalmente dotado y administrativamente capaz, incluido el profeta Daniel, actor de uno de los libros del Antiguo Testamento.

Pídale a alguien que ore con sus propias palabras por la reunión antes de que el líder del grupo comience la oración a continuación. El grupo debe responder donde dice "Todos".

Salmo 137

En el nombre del Padre y del Hijo y del Espíritu Santo.

Líder:
Junto a los canales de Babilonia nos sentamos, y lloramos con nostalgia de Sión. En los sauces de sus orillas colgábamos nuestras cítaras.

Todos:
Si me olvido de ti, Jerusalén, que se me paralice la mano derecha.

Líder:
Allí mismo los que nos deportaron nos pedían canciones, nuestros opresores, canciones alegres: Cántennos una canción de Sión.

Todos:
Si me olvido de ti, Jerusalén, que se me paralice la mano derecha.

Líder:
¡Cómo cantar un canto del Señor en tierra extranjera!

Todos:
Si me olvido de ti, Jerusalén, que se me paralice la mano derecha.

Líder:
Si me olvido de ti, Jerusalén, que se me paralice la mano derecha. Que se me pegue la lengua al paladar si no me acuerdo de ti, si no exalto a Jerusalén como colmo de mi alegría.

Todos:
Si me olvido de ti, Jerusalén, que se me paralice la mano derecha.

Amén.

Conversación de apertura

1. ¿Alguien ha intentado orar durante quince minutos usando las Escrituras? ¿Cómo le fue?
2. ¿Qué le ha causado ese sentimiento a usted o a alguien que usted conoce?

Escritura y Tradición

Pídale a una persona que lea el pasaje de las Escrituras en voz alta.

Lectura

2 Crónicas 36:14-16, 19-23

¹⁴ También las autoridades de Judá, los sacerdotes y el pueblo multiplicaron sus infidelidades, imitando las prácticas infames de los pueblos paganos y profanando el templo que el Señor había consagrado en Jerusalén.

¹⁵ El Señor, Dios de sus padres, les enviaba continuamente mensajeros, porque sentía lástima de su pueblo y de su morada; ¹⁶ pero ellos se burlaban de los mensajeros de Dios, se reían de sus palabras y se burlaban de los profetas, hasta que la ira del Señor se encendió sin remedio contra su pueblo...

¹⁹ [*Los caldeos, v. 17, otro término para designar a los babilonios*] incendiaron el templo, derribaron la muralla de Jerusalén, prendieron fuego a todos sus palacios y destrozaron todos los objetos de valor. ²⁰ [*El Rey de los Caldeos*] se llevó desterrados a Babilonia a los supervivientes de la matanza y fueron esclavos suyos y de sus descendientes hasta el triunfo del reino persa. ²¹ Así se cumplió lo que anunció el Señor por Jeremías, y la tierra disfrutó de su descanso sabático todo el tiempo que estuvo desolada, hasta cumplirse setenta años.

²² El año primero de Ciro, rey de Persia, el Señor, para cumplir lo que había anunciado por medio de Jeremías, movió a Ciro, rey de Persia, a promulgar de palabra y por escrito en todo su reino: ²³ "Ciro, rey de Persia, decreta: El Señor, Dios del cielo, me ha entregado todos los reinos de la tierra y me ha

encargado construirle un templo en Jerusalén de Judá. Todos los de ese pueblo que viven entre nosotros pueden volver. Y que el Señor, su Dios, esté con ellos".

1. ¿Cómo explica el Libro de las Crónicas por qué Jerusalén cayó frente a los babilonios (versículos 14-15)?
2. La Iglesia entiende el exilio de Babilonia como un período de purificación.[8] ¿Cómo cree que el exilio purifica a la gente? ¿Qué sucede en la vida exterior e interior de las personas en el exilio que produce una especie de "limpieza"?

Pídale a una persona que lea el pasaje de las Escrituras en voz alta.

Lectura

Juan 3:14-21

[14] "Como Moisés en el desierto levantó la serpiente, así ha de ser levantado el Hijo del Hombre, [15] para que quien crea en él tenga vida eterna".

[16] Tanto amó Dios al mundo, que entregó a su Hijo único, para que quien crea en él no muera, sino tenga vida eterna. [17] Dios no envió a su Hijo al mundo para juzgar al mundo, sino para que el mundo se salve

---

[8] *Catecismo de la Iglesia Católica*, 710: "El olvido de la Ley y la infidelidad a la Alianza llevan a la muerte: el Exilio, aparente fracaso de las Promesas, es en realidad fidelidad misteriosa del Dios Salvador y comienzo de una restauración prometida, pero según el Espíritu. Era necesario que el Pueblo de Dios sufriese esta purificación; el Exilio lleva ya la sombra de la Cruz en el Designio de Dios, y el Resto de pobres que vuelven del Exilio es una de las figuras más transparentes de la Iglesia".

por medio de él. [18] El que cree en él no es juzgado; el que no cree ya está juzgado, por no creer en el Hijo único de Dios. [19] El juicio consiste en esto: que la luz vino al mundo, y los hombres prefirieron las tinieblas a la luz. Y es que sus acciones eran malas. [20] Quien obra mal detesta la luz y no se acerca a la luz, para que no delate sus acciones. [21] En cambio el que obra conforme a la verdad se acerca a la luz para que se vea claramente que todo lo hace de acuerdo con la voluntad de Dios.

3. En los versículos 16-17, San Juan explica por qué Dios envió a Jesús al mundo. ¿Alguien estaría dispuesto a compartir cómo sus experiencias reflejan claramente, o no reflejan, esta comprensión de por qué vino Jesús?

4. Lancemos algunas palabras que nosotros asociamos con la luz física. *(Deje treinta segundos a un minuto).* Ahora hagamos lo mismo con la oscuridad física. *(Deje treinta segundos a un minuto).* ¿De qué manera el hecho de nombrar estos elementos contribuye a que usted comprenda lo que significa la presencia de Jesús en el mundo?

5. ¿Qué evidencia de la vida de Jesús demuestra que "la luz vino al mundo, y los hombres prefirieron las tinieblas a la luz"? (versículo 19).

6. ¿En qué la oscuridad que San Juan describe es como el exilio, y en qué es diferente?

7. ¿Por qué cree que a veces preferimos la "oscuridad" o estar "exiliados", aislados y alienados, más que una comunidad que da vida, la conexión con otros cristianos y las relaciones comprometidas?

8. ¿Cómo explica Juan 3:20 la tendencia humana a amar la oscuridad? Por el contrario, ¿cómo explica Juan 3:21 la motivación para avanzar hacia Jesús? ¿Las razones le parecen acertadas? ¿Por qué sí o por qué no?

9. Si ha experimentado un momento en el que se motivó a salir de la oscuridad hacia la luz, ¿podría explicar qué le hizo reconocer la "oscuridad" como oscuridad, el "exilio" como exilio? ¿Alguien está dispuesto a compartir sobre esto?

10. ¿Alguien ha tenido una experiencia en la que el Espíritu Santo le sacó de la oscuridad cuando no podía hacerlo bajo su propio poder, o ha sido testigo de esto en otra persona? ¿Estaría dispuesto a compartir acerca de cómo usted o alguien más llegó a amar la luz?

Conexión con la Cruz esta Semana

Comprométase a orar durante quince minutos esta semana.

Día 1

Use el Apéndice B para orar durante al menos quince minutos con la lectura del Evangelio para el próximo domingo, Juan 3:14-21. Vale la pena revisar este pasaje de las Escrituras por nuestra cuenta. Raramente hablamos abiertamente sobre la oscuridad en nuestras vidas por razones obvias: nos escondemos en la oscuridad lo que nos da vergüenza traer a la luz.

Durante su oración, hable con Jesús sobre lo que usted esconde. Pídale que lo ayude a amarlo más que a la protección de la oscuridad. Pida la confianza que necesita para creer que lo que Dios tiene para usted en la luz le hará mucho más feliz que cualquier otra cosa. Si Dios le dice que hagas algo acerca de esta área de lucha, hágalo de inmediato o tan pronto como sea posible.

Una de las mejores formas de abrir nuestra oscuridad a la luz del mundo es compartir las áreas oscuras de nuestras vidas con otra persona. El Sacramento de la Reconciliación ofrece una manera segura de hacerlo. Si es católico y no se ha confesado durante esta Cuaresma, ¡Dios desea ardientemente ayudarle a amar la luz, a su hijo, Jesús! Nada tiene el poder de transformar el dolor y la vergüenza en una vida abundante como la presencia de Jesús en la confesión a través del sacerdote, actuando *in persona Christi*.[9]

Si se está retorciendo en este momento, no estás solo. Es natural sentir vergüenza o incomodidad por la confesión. El pecado no es bonito. Habría algo malo en nosotros si no nos sintiéramos mal cuando lastimamos a los demás, y lastimarnos a nosotros mismos tiene su propio efecto duradero, ya sea que nos sintamos culpables o no. Incluso el simple hecho de sentir que no hemos hecho lo bueno que Dios quiere que hagamos nos deja con la sensación de estar vacíos y sin dirección.

Cuando el miedo o el orgullo nos impiden la confesión, tratamos de olvidarnos de nuestros fracasos y seguir adelante. Pero los efectos del pecado no, permanecen, lastimándonos. Es por eso que la Iglesia entiende la Reconciliación como un sacramento sanador. Dios nos hizo estar en relaciones con los demás, no solo en nuestra oscuridad privada. Él nos conectó de esa manera. El pecado cortocircuita el cableado. La gracia de la Reconciliación repara poderosamente nuestra conexión con Dios y las personas en nuestras vidas.

---

[9] Significa en latín "en la persona de Cristo".

Podría pensar: "No necesito hablar con un sacerdote. Hablo con Dios sobre mis pecados". ¡El Papa Francisco dice que es como confesarse a través del correo electrónico!

Cierto —comentó— «es fácil, es como confesarse por e-mail... Dios está allí, lejos; yo digo las cosas y no existe un cara a cara, no existe un encuentro a solas». Pablo en cambio «confiesa su debilidad a los hermanos cara a cara»[10]

Jesús sabía lo importante que es el encuentro cara a cara. La libertad de la oscuridad no nos llega aislada o exiliada. El contacto humano nos devuelve a la comunidad humana. Es nuestro camino a casa, tan cierto como el camino de Babilonia que condujo a los judíos deportados a Jerusalén. Jesús hizo este camino cuando les dio a los apóstoles el poder de liberar a las personas: "lo que desates en la tierra quedará desatado en el cielo" (Mateo 16:19). Confesarse nos lleva de nuevo a la comunión y garantiza el acceso a ese poder.

No permita que la vergüenza lo impida la sanación y el consuelo que Dios quiere darle. El Apéndice D proporciona una guía para el Sacramento de la Reconciliación. Si eso no es suficiente para aliviar sus temores, hable con alguien que conozca que participe en el sacramento y pregúntele sobre su experiencia. Mejor aún, pregunte si lo acompañaría a la iglesia cuando usted vaya a confesarse.

Si usted no es católico, el sacerdote está disponible para usted, como lo está para los católicos. Es muy reconfortante compartir el peso de nuestras cargas con otro, especialmente con el clero que está formado y tiene experiencia en ayudar a las personas a caminar con el Señor.

No importa si es creyente, no creyente, católico o cristiano de otra denominación, Dios le ama y quiere que esté con él.

---

[10] "Papa Francisco: Confiesa los pecados concreta y sinceramente", Radio Vaticana, 25 de octubre de 2013.

"un corazón arrepentido y humillado, oh Dios, no lo desprecias" (Salmo 51:17). A menudo es cuando nos duele más que nos abrimos a la salud que el Señor quiere derramar en nuestros corazones, y a la única relación que nos salva (Juan 3:17).

Día 2

Ore con la segunda lectura antes del domingo usando las preguntas a continuación.

Lectura

Efesios 2:4-10

4 Pero Dios, rico en misericordia, por el gran amor que nos tuvo, 5 estando nosotros muertos por nuestros pecados, nos hizo revivir con Cristo —¡ustedes han sido salvados gratuitamente! —; 6 con Cristo Jesús nos resucitó y nos sentó en el cielo, 7 para que se revele a los siglos venideros la extraordinaria riqueza de su gracia y la bondad con que nos trató por medio de Cristo Jesús. 8 Porque ustedes han sido salvados por la fe, no por mérito propio, sino por la gracia de Dios; 9 y no por las obras, para que nadie se gloríe. 10 Somos obra suya, creados por medio de Cristo Jesús para realizar las buenas acciones que Dios nos había asignado como tarea.

1. ¿Cómo explica San Pablo por qué Dios envió a Jesús, su Hijo (versículos 4-7)? ¿Cómo lo explica de manera diferente a como lo hizo San Juan en Juan 3:16-17?

2. Si usted ha sido bautizado, ¿diría que ha experimentado la realidad de haber sido salvado por la gracia en ese sacramento? ¿Cómo podría tratar de experimentar esta verdad si aún no lo has hecho?

3. ¿Siente que Dios muestra las riquezas de su gracia en su bondad hacia usted, y que de alguna manera esto sucede "por medio de Cristo Jesús" (versículo 7)? Si no, pídale a Dios ahora mismo que le muestre su amor en su vida, cómo ha estado allí en el pasado y las formas en que está derramando su amor en su vida en este momento. Si es así, recuerde los momentos en los que se haya sentido seguro de la "riqueza de su gracia" y agradézcale a Dios por ello.

4. ¿Cuál cree que sería una respuesta apropiada en su vida a la bondad y el amor que Dios le ha mostrado? Hable con Jesús sobre esto.

Día 3

Para una oración específicamente creada para ayudarnos a elegir la luz sobre la oscuridad, ver el Apéndice C. Proporciona una versión modificada de una meditación extendida de los *Ejercicios Espirituales* de San Ignacio de Loyola, fundador de la orden jesuita. "Las dos banderas" se refiere a estandartes o banderas en un campo de batalla donde las tropas se reunían durante la guerra. (Ignacio era un militar antes de su conversión; usaba esas experiencias en busca de metáforas que podrían ayudar a otros a crecer espiritualmente). En "Las dos banderas", nos pide que imaginemos las fuerzas opuestas del bien y el mal como ejércitos enfrentados, cada uno reunido bajo su propio estandarte.

Otros días

¡No permita que el hecho de que haya aquí tres días de sugerencias de oración le impida orar los otros días esta semana! En algunos días, use nuestras sugerencias para expandir las formas en que se comunica con Dios. Piense en estos como diferentes tipos de actividades con Dios. Si jugara al bowling con alguien una vez a la semana, esa relación aumentaría si también ustedes decidieran reunirse para tomar un café y conversar otro día. Sucede igual con la oración: Orar con las Escrituras le permite a Dios hablarnos de diferentes maneras que otros métodos de oración. Le ayudará a conocer mejor a Jesús y profundizar su relación con él.

Las lecturas diarias de la misa proporcionan un excelente recurso para la oración que se ajusta a la temporada litúrgica. Para hacer que la lectura de estos pasajes de las Escrituras sea más piadosa y enriquecedora, use el Apéndice B, especialmente las instrucciones breves sobre la *lectio divina*, una antigua forma de orar con las Escrituras.

Lecturas de las misas de esta semana:

Lunes
- Isaías 65:17-21
- Salmos 30:2, 4-6, 11-13
- Juan 4:43-54

Martes:
- Ezequiel 47:1-9, 12
- Salmos 46:2-3, 5-6, 8-9
- Juan 5:1-16

Miércoles:
- Isaías 49:8-15
- Salmos 145:8-9, 13-14, 17-18
- Juan 5:17-30

Jueves:
- Éxodo 32:7-14
- Salmos 106:19-23
- Juan 5:31-47

Viernes:
- Sabiduría 2:1a, 12-22
- Salmos 34:17-21, 23
- Juan 7:1-2, 10, 25-30

Sábado:
- Jeremías 11:18-20
- Salmos 7:2-3, 9-12
- Juan 7:40-53

Oración conclusiva

Haga la Señal de la Cruz, y luego vuelva a expresar sus intenciones de oración directamente a Dios. Después de que todos los que han tenido la oportunidad de pedirle a Dios lo que necesitan, recen juntos la Oración de San Francisco.

En el nombre del Padre y del Hijo y del Espíritu Santo.

Pedidos individuales

Todos:
Señor, haz de mí un instrumento de tu paz
Que allá donde hay odio, yo ponga el amor.
Que allá donde hay ofensa, yo ponga el perdón.
Que allá donde hay duda, yo ponga la Fe.
Que allá donde desesperación, yo ponga la esperanza.
Que allá donde hay tinieblas, yo ponga la luz.
Que allá donde hay tristeza, yo ponga la alegría.
Oh Señor, que yo no busque tanto
ser consolado, cuanto consolar,
ser comprendido, cuanto comprender,
ser amado, cuanto amar.
Porque es dándose como se recibe,
es perdonando, como se es perdonado,
es muriendo como se resucita a la vida eterna.[11]
Amén.

---

[11] "Hazme instrumento de tu paz", Aciprensa, https://www.aciprensa.com/Oracion/asis2.htm

DOMINGO DE CUARESMA

Un tiempo para morir

"Si el grano de trigo caído en tierra no muere, queda solo; pero si muere, da mucho fruto".
—Juan 12:24

Oración inicial

Pídale a alguien que ore con sus propias palabras, o lea la oración siguiente en voz alta lentamente mientras los demás oran en silencio.

> En el nombre del Padre y del Hijo y del Espíritu Santo.
>
> Dios nuestro Padre, creemos que estás aquí con nosotros.
> Nos reunimos como tus hijos e hijas,
> atraídos por tu Hijo e iluminados por el Espíritu Santo.
>
> Jesús, a través de nuestro tiempo juntos,
> ayúdanos a escuchar tu invitación a seguirte más valientemente.

Espíritu Santo, abre nuestros corazones a las Escrituras,
que a través de nuestra meditación
podamos desear entregarnos más completa y generosamente
como lo hizo Jesús a nuestro Padre.

Te lo pedimos por Cristo nuestro Señor.

Amén.

Conversación de apertura

1. ¿Alguien rezó con la meditación de San Ignacio sobre "Las dos banderas"? ¿Cómo les fue?
2. ¿Qué es lo que más le asusta sobre la muerte?

Escritura y Tradición

Pídale a una persona que lea el pasaje de las Escrituras en voz alta.

Lectura

Hebreos 5:7-9

7 Durante su vida mortal dirigió peticiones y súplicas, con clamores y lágrimas, al que podía librarlo de la muerte, y por esa cautela fue escuchado. 8 Y aunque era Hijo de Dios, aprendió sufriendo lo que es obedecer, 9 así alcanzó la perfección y llegó a ser para cuantos le obedecen causa de salvación eterna...

Pídale a una persona que lea el pasaje de las Escrituras en voz alta.

Lectura

Juan 12:20-33

[20] Había unos griegos que habían subido para los cultos de la fiesta. [21] Se acercaron a Felipe, el de Betsaida de Galilea, y le pidieron: "Señor, queremos ver a Jesús". [22] Felipe va y se lo dice a Andrés; Felipe y Andrés van y se lo dicen a Jesús. [23] Jesús les contesta: "Ha llegado la hora de que el Hijo del Hombre sea glorificado. [24] Les aseguro que, si el grano de trigo caído en tierra no muere, queda solo; pero si muere, da mucho fruto. [25] El que se aferra a la vida la pierde, el que desprecia la vida en este mundo la conserva para una vida eterna. [26] El que quiera servirme, que me siga, y donde yo estoy estará mi servidor; si uno me sirve, lo honrará el Padre.

[27] Ahora mi espíritu está agitado, y, ¿qué voy a decir? ¿Que mi Padre me libre de este trance? No; que para eso he llegado a este trance. [28] Padre, da gloria a tu Nombre". Vino una voz del cielo: "Lo he glorificado y de nuevo lo glorificaré". [29] La gente que estaba escuchando decía: "Ha sido un trueno". Otros decían: "Le ha hablado un ángel". [30] Jesús respondió: "Esa voz no ha sonado por mí, sino por ustedes. [31] Ahora comienza el juicio de este mundo y el príncipe de este mundo será expulsado. [32] Cuando yo sea elevado de la tierra, atraeré a todos hacia mí". [33] Lo decía indicando de qué muerte iba a morir.

1. ¿Algo le llamó la atención en estas lecturas?
2. ¿Qué temas cuaresmales observó usted?
3. ¿Alguien podría describir la secuencia de acontecimientos que condujeron al discurso de Jesús? *(Pausa).* ¿Por qué cree que San Juan proporcionó tantos detalles?
4. ¿Por qué los griegos (los no-judíos) estaban buscando a Jesús?
5. ¿Cómo describiría el tono y el estado de ánimo de Jesús en el pasaje del Evangelio, y por qué cree que habló de esta manera?
6. ¿Cómo se relaciona la lectura de Juan con los versículos que describen a Jesús de la Carta a los Hebreos?
7. ¿Cree que se aplica solo a él o a otros cuando Jesús dijo que, si una semilla muere, da mucho fruto, y si uno desprecia su vida en este mundo, la conserva para la vida eterna? Por favor explique sus razones.
8. ¿Cree que esto asustó a los discípulos? ¿Debería haberlos asustado?
9. Mirando al Evangelio y la Carta a los Hebreos, ¿cómo luchó Jesús contra la tentación de temer?
10. ¿Alguna vez alguien ha experimentado la necesidad de dar muerte a algo "viejo" (quizás un hábito o una forma de pensar pecaminosos) para que sucedan el renacimiento y la renovación en su vida? *(Pausa).* ¿Alguien está dispuesto a compartir sobre esto?

11. Creemos que Jesús se compadece en nuestras debilidades y fue tentado en todo lo que somos, pero no pecó (ver Hebreos 4:15). ¿Qué pasos prácticos podríamos tomar que nos ayuden a aferrarnos más a Jesús a través de nuestras debilidades diarias y nuestros tiempos de "peticiones y súplicas" (4:7)?

12. ¿Alguna vez algo le ayudó a confiar más en Dios o le ayudó a entregar las riendas de su vida a Dios de manera más voluntaria?

13. ¿Hay alguna área de su vida donde el Espíritu Santo pueda darle una idea de una nueva vida que podría provenir de abandonar algo a lo que se haya aferrado o sobre lo que tenga el control? ¿Alguien está dispuesto a compartir sobre esto?

Conexión con la Cruz esta Semana

Es la última semana de Cuaresma. La Semana Santa comienza en la sexta semana con el Domingo de Ramos. Termine su Cuaresma de manera destacada rezando quince minutos todos los días esta semana.

Orar con las lecturas diarias de la Misa no solo llena fácilmente esos quince minutos, sino que los pasajes de las Escrituras conducen temáticamente a la Semana Santa, profundizando su experiencia de la muerte y resurrección de Jesús. Revise el Apéndice B si necesita un recordatorio sobre cómo hacer la *lectio divina*.

Si aún no has hecho una confesión de Cuaresma, planifique un momento para hacerlo esta semana. Una guía para el Sacramento de la Reconciliación aparece en el Apéndice D. Si el sacramento todavía le parece demasiado difícil, y aún no se ha comunicado con alguien que ya participa en este sacramento, comprométase a hacerlo esta semana. Asegúrese de preguntarles por qué se confiesan y lo que la confesión les hace.

Aquí hay algunas otras ideas para orar si las necesita.

- Tómese su tiempo todos los días esta semana para preguntarse: ¿a qué me aferro en lugar de Cristo? Esto podría tomar muchas formas diferentes: la comida, una relación, una imagen falsa de usted mismo que proyecta al mundo, sus propias habilidades o un hábito de preocupación. El Señor es verdaderamente la luz del mundo, pero él no es el tipo de Dios que forzará su luz en su vida. Él siempre seduce. Respondemos entrando en una relación con él o profundizándola. Las relaciones toman tiempo. ¿Hay algo en su vida que quiera cambiar para crear espacio para Dios? Ore por eso esta semana.

Alce hacia Jesús todo lo que le apetezca como sustituto de lo que realmente puede satisfacerlo: Jesús y una relación con él. Puede hacerlo con palabras o visualmente. Diga algo como esto con sus propias palabras: "Señor, esto es algo que me aleja de ti, de la paz, de vivir la vida de paz que quieres que viva. Ayúdame a darte esto, Señor. Por favor, sácamelo. Sé que no está en mi poder 'arreglarme' a mí mismo. Solo tu amor puede cambiarlo. Te lo entrego, oh Señor".

O si siente que las palabras le salen incómodas o antinaturales, visualice la entrega de usted mismo a Cristo. Imagínelo del otro lado de la puerta. Párese de su lado de la puerta, aferrándose a la cosa que le impide abrirla. Piensa en la forma en que usted depende de esta cosa. ¿Esto logra realmente lo que usted quiere lograr? ¿Esta cosa lo mantiene a salvo, le hace feliz, previene los desastres, lo hace amable? Trate de identificar todas las esperanzas que ha depositado en este comportamiento, estado de ánimo o propensión psicológica. Cuando pueda ver que realmente no le ha dado ninguna de las cosas que usted realmente desea, entonces estará listo para abrir la puerta. Entréguele a Jesús aquello a lo cual usted se aferra, parándose del otro lado. Él está esperando darle lo que realmente necesita; él puede romper el poder que esta cosa ha tenido en su vida.

- Considere estas preguntas en la oración esta semana, recordando que Jesús dijo que atraería a todos los hombres y mujeres hacia sí cuando fuera levantado: ¿Qué me impide alcanzar a Cristo? ¿Me estoy deteniendo de ser atraído por él? ¿Acaso

- temo que me quite algo?

- es difícil para mí creer que realmente está tratando de atraerme hacia él?

- creo las mentiras que "el maestro de este mundo" me dice y que me mantienen alejado de Cristo?

- dudo de que ser atraído hacia él sería lo mejor que podría pasar en mi vida?

Lecturas de las misas de esta semana:

Lunes:
- Daniel 13:1-9, 15-17, 19-30, 33-62
- Salmos 23:1-6
- Juan 8:1-11

Martes:
- Números 21:4-9
- Salmos 102:2-3, 16-21
- Juan 8:21-30

Miércoles:
- Daniel 3:14-20, 91-92, 95
- Daniel 3:52-56
- Juan 8:31-42

Jueves:
- Génesis 17:3-9
- Salmos 105:4-9
- Juan 8:51-59

Viernes:
- Jeremías 20:10-13
- Salmos 18:2-7
- Juan 10:31-42

Sábado:
- Ezequiel 37:21-28
- Jeremías 31:10-13
- Juan 11:45-56

Oración conclusiva

Pida alguien que lea en voz alta la siguiente oración lentamente mientras los demás oran en silencio.

En el nombre del Padre y del Hijo y del Espíritu Santo.

Señor, queremos entregarnos más plenamente a ti.
Sabes que nuestra fe es muy pequeña,
nuestra visión distorsionada,
nuestros miedos son grandes.
Concédenos una mirada sobrenatural
para que podamos ver el grano de trigo en nuestras vidas
y querer lo que Tú quieres.
Por favor, haznos más sensibles a
las formas en que tu Espíritu Santo nos atrae hacia ti.
No queremos perdernos tus invitaciones.
Ayúdanos a ser fieles a sus impulsos.
Oramos por la valentía para ser moldeados de nuevo
y la confianza para creer en la promesa de tu gloria.
Te lo pedimos por Cristo nuestro Señor.

Amén.

DOMINGO DE Ramos

La Pasión del Señor
Un tiempo para llorar

"Ofrecí la espalda a los que me apaleaban".
—Isaías 50:6

Oración inicial

Pídale a alguien que ore con sus propias palabras, o lea la oración siguiente en voz alta lentamente mientras los demás oran en silencio.

> En el nombre del Padre y del Hijo y del Espíritu Santo.
>
> Contémplame, mi amado Jesús,
> agobiado por la carga de mis pruebas y mis sufrimientos;
> Me arrojo a tus pies,
> para que renueves mi fortaleza y mi valor,
> mientras descanso aquí en tu presencia.
> Permíteme depositar mi cruz en tu Sagrado Corazón,
> porque solo tu infinita bondad puede sostenerme;

solo tu amor puede ayudarme a cargar mi cruz;
solo tu poderosa mano puede aligerar su peso.
Oh, Rey divino, Jesús,
cuyo corazón es tan compasivo con los afligidos,
Deseo vivir en ti;
sufrir y morir en ti.
Durante mi vida, sé mi modelo y mi apoyo;
En la hora de mi muerte, sé mi esperanza y mi refugio.[12]

Amén.

Conversación de apertura

1. ¿Alguna vez ha tenido un momento en el que los eventos en torno a la muerte de Jesús se relacionaron con su vida de una manera particularmente poderosa? Entre los incidentes están: Pedro negando a Jesús, Judas traicionando a Jesús, los enemigos de Jesús hablando en contra de él durante su juicio, los hombres crueles burlándose de Jesús, Jesús sintiéndose abandonado por los discípulos, y Jesús sintiéndose abandonado por Dios.

La cita para la lectura completa del Evangelio aparece a continuación, pero incluimos solo las secciones del texto cubiertas en las preguntas. Esto permitirá la oración y la consideración sobre los momentos significativos.

---

[12] "Oración en tiempos de sufrimiento", traducción del inglés, del sitio web de Catholic Online Prayers, http://www.catholic.org/prayers/prayer.php?p=873.

Escritura y Tradición

Pídale a una persona que lea el pasaje de las Escrituras en voz alta.

Lectura

Marcos 14:17–15:47

[17] Al atardecer llegó con los Doce. [18] Se pusieron a la mesa y, mientras comían, dijo Jesús: "Les aseguro que uno de ustedes me va a entregar, uno que come conmigo". [19] Entristecidos, empezaron a preguntarle uno por uno: "¿Soy yo?". [20] Respondió: "Uno de los Doce, que moja el pan conmigo en la fuente. [21] El Hijo del Hombre se va, como está escrito de él; pero, ¡ay de aquél por quien el Hijo del Hombre será entregado! Más le valdría a ese hombre no haber nacido".

[22] Mientras cenaban, tomó pan, pronunció la bendición, lo partió y se lo dio diciendo: "Tomen, esto es mi cuerpo". [23] Y tomando la copa, pronunció la acción de gracias, se la dio y bebieron todos de ella. [24] Les dijo: "Ésta es mi sangre, sangre de la alianza, que se derrama por todos. [25] Les aseguro que no volveré a beber el fruto de la vid hasta el día en que beba el vino nuevo en el reino de Dios".

[26] Cantaron los salmos y salieron hacia el monte de los Olivos. [27] Jesús les dice: "Todos van a fallar, como está escrito: *Heriré al pastor y se dispersarán las ovejas*. [28] Pero, cuando resucite, iré delante de ustedes a Galilea. [29] Pedro le contestó: "Aunque todos fallen, yo no". [30] Le dice Jesús: "Te aseguro que tú hoy mismo, esta noche, antes que el gallo cante dos veces,

me habrás negado tres". ³¹ Él insistía: "Aunque tenga que morir contigo, no te negaré". Lo mismo decían los demás.

1. ¿Por qué cree que Jesús les dijo a sus discípulos que uno de ellos lo traicionaría? Dado que parecía ser inevitable, ¿por qué Jesús dijo esto? Considere el efecto que sus palabras tienen en sus discípulos en su respuesta (versículo 19).

2. Aquí está la primera celebración de la Cena del Señor y la institución de la Eucaristía. ¿Qué cree que pensaban los discípulos cuando Jesús estaba bendiciendo y compartiendo la comida con estas palabras?

3. Después de que Jesús declaró que uno de ellos lo traicionaría, y después de decir esas palabras siniestras durante su comida, ¿cuál cree que habría sido el espíritu del grupo cuando fueron al Monte de los Olivos? ¿Cómo pueden las palabras de Jesús influir en el espíritu de ellos?

4. ¿Cómo describiría la declaración de Pedro de que él no negará a Jesús (versículo 29)? ¿Qué pudo haber motivado tal comentario?

Pídale a una persona que lea el pasaje de las Escrituras en voz alta.

Lectura

[32] Llegados al lugar llamado Getsemaní, dijo a sus discípulos: "Siéntense aquí mientras yo voy a orar. [33] Llevó con él a Pedro, Santiago y Juan y empezó a sentir tristeza y angustia. [34] Entonces les dijo: "Siento una tristeza de muerte; quédense aquí y permanezcan despiertos". [35] Se adelantó un poco, se postró en tierra y oraba que, si era posible, se alejase de él aquella hora. [36] Decía: "Abba, Padre, tú lo puedes todo, aparta de mí esta copa. Pero no se haga mi voluntad, sino la tuya". [37] Volvió, y los encontró dormidos. Dice a Pedro: "Simón, ¿duermes? ¿No has sido capaz de estar despierto una hora? [38] Permanezcan despiertos y oren para no caer en la tentación. El espíritu está dispuesto, pero la carne es débil". [39] Volvió otra vez y oró repitiendo las mismas palabras. [40] Al volver, los encontró otra vez dormidos, porque los ojos se les cerraban de sueño; y no supieron qué contestar. [41] Volvió por tercera vez y les dice: "¡Todavía dormidos y descansando! Basta, ha llegado la hora en que el Hijo del Hombre será entregado en poder de los pecadores. [42] Vamos, levántense, se acerca el traidor".

5. ¿Qué efecto pudo haber tenido sobre Pedro, Santiago y Juan la declaración de Jesús sobre su tristeza (versículo 34)?

6. Jesús cae al suelo cuando comienza a orar. ¿Qué indica eso sobre su estado interior y la oración que reza?

7. ¿Alguien estaría dispuesto a compartir acerca de un momento en el que oró con extrema tristeza o angustia? ¿Cómo sonaba su oración? ¿De qué manera esto informa su comprensión de la oración de Jesús en Getsemaní?

8. ¿Cómo cree que los discípulos se sintieron cuando recordaban su última hora con Jesús en Getsemaní?

9. ¿Alguna vez ha sentido que le había fallado a alguien que estaba en profunda tristeza? Si estuviera dispuesto a compartir sobre eso, ¿cómo lidió con ese sentimiento después?

Pídale a una persona que lea el pasaje de las Escrituras en voz alta.

Lectura

[43] Todavía estaba hablando cuando se presentó Judas, uno de los Doce, y con él gente armada de espadas y palos, enviada por los sumos sacerdotes, los letrados y los ancianos. [44] El traidor les había dado una contraseña: "Al que yo bese, ése es; arréstenlo y llévenlo con cuidado". [45] Enseguida, acercándose a Jesús, le dijo: "¡Maestro!". Y le dio un beso. [46] Los otros se le tiraron encima y lo arrestaron. [47] Uno de los presentes desenvainó la espada y de un tajo cortó una oreja al sirviente del sumo sacerdote. [48] Jesús se dirigió a ellos: "Como si se tratara de un asaltante, han salido armados de espadas y palos para capturarme. [49] Diariamente estaba con ustedes enseñando en el templo y no me arrestaron. Pero se

ha de cumplir la Escritura". [50] Y todos lo abandonaron y huyeron. [51] Le seguía, también, un muchacho cubierto sólo por una sábana. Lo agarraron; [52] pero él, soltando la sábana, se les escapó desnudo.

10. La tradición cristiana sostiene que el joven que se escapó vestido de solamente una sábana fue el propio Marcos, el escritor del Evangelio. (Este detalle no aparece en ningún otro relato evangélico). ¿Cómo cambia eso tu comprensión de por qué esto está incluido en la historia? Si fue Marcos, ¿cómo cree que se sintió acerca de lo que hizo?

Pídale a una persona que lea el pasaje de las Escrituras en voz alta.

Lectura

[60] Entonces el sumo sacerdote se puso de pie en medio y preguntó a Jesús: "¿No respondes nada a lo que éstos declaran contra ti?". [61] Él seguía callado sin responder nada. De nuevo le preguntó el sumo sacerdote: "¿Eres tú el Mesías, el Hijo del Bendito?". [62] Jesús respondió: "Yo soy. Verán al Hijo del Hombre sentado a la derecha del Todopoderoso y llegando entre las nubes del cielo". [63] El sumo sacerdote, rasgándose sus vestiduras, dijo: "¿Qué falta nos hacen los testigos? [64] Ustedes mismos han oído la blasfemia. ¿Qué les parece? Todos sentenciaron que era reo de muerte. [65] Algunos se pusieron a escupirle, a taparle los ojos y darle bofetadas diciendo: "¡Adivina quién fue!". También los empleados le daban bofetadas.

11. ¿Qué emociones pudieron estar detrás de la determinación de Caifás de que Jesús debía morir? ¿Cómo explicaría la perversidad de los ataques a Jesús después de que él habla?

Pídale a una persona que lea el pasaje de las Escrituras en voz alta. Cuando llegue al momento en el versículo 37 cuando Jesús muere, deje un minuto de silencio.

Lectura

22 Lo condujeron al *Gólgota*, que significa Lugar de la Calavera. 23 Le ofrecieron vino con mirra, pero él no lo tomó. 24 Lo crucificaron y se repartieron su ropa, echando a suertes lo que le tocara a cada uno. 25 Eran las nueve de la mañana cuando lo crucificaron. 26 La inscripción que indicaba la causa de la condena decía: El rey de los judíos. 27 Con él crucificaron a dos asaltantes, uno a la derecha y otro a la izquierda. 29 Los que pasaban lo insultaban moviendo la cabeza y decían: "El que derriba el santuario y lo reconstruye en tres días, que se salve, bajando de la cruz". 31 A su vez los sumos sacerdotes, burlándose, comentaban con los letrados: "Ha salvado a otros y él no se puede salvar. 32 El Mesías, el rey de Israel, baje ahora de la cruz para que lo veamos y creamos". Y también lo insultaban los que estaban crucificados con él.

33 Al mediodía se oscureció todo el territorio hasta media tarde. 34 A esa hora Jesús gritó con voz potente: *Eloi, eloi, lema sabactani*, que significa: *Dios mío, Dios mío, ¿por qué me has abandonado?* 35 Algunos de los presentes, al oírlo, comentaban: "Está llamando a Elías". 36 Uno empapó una esponja en

vinagre, la sujetó a una caña y le ofreció de beber diciendo: "¡Quietos! A ver si viene Elías a librarlo". ³⁷ Pero Jesús, lanzando un grito, expiró.

(Silencio).

³⁸ El velo del santuario se rasgó en dos de arriba abajo. ³⁹ El centurión, que estaba enfrente, al ver cómo expiró, dijo: "Realmente este hombre era Hijo de Dios".

⁴⁰ Estaban allí mirando a distancia unas mujeres, entre ellas María Magdalena, María, madre de Santiago el Menor y de José, y Salomé, ⁴¹ quienes, cuando estaba en Galilea, le habían seguido y servido; y otras muchachas que habían subido con él a Jerusalén.

⁴² Ya anochecía; y como era el día de la preparación, víspera de sábado, ⁴³ José de Arimatea, consejero respetado, que esperaba el reino de Dios, tuvo la osadía de presentarse a Pilato a pedirle el cuerpo de Jesús. ⁴⁴ Pilato se extrañó que ya hubiera muerto. Llamó al centurión y le preguntó si ya había muerto. ⁴⁵ Informado por el centurión, le concedió el cuerpo a José. ⁴⁶ Éste compró una sábana, lo bajó de la cruz, lo envolvió en la sábana y lo colocó en un sepulcro excavado en la roca. Después hizo rodar una piedra a la entrada del sepulcro. ⁴⁷ María Magdalena y María de José observaban dónde lo habían puesto.

12. Si durante esta lectura experimentó algo que no había experimentado previamente con respecto a la muerte de Jesús, ¿estaría dispuesto a compartirlo?

13. Solo el Evangelio de Marcos dice que José de Arimatea "tuvo la osadía" (v. 43). ¿Por qué sus acciones necesitaban ser osado, ser valiente?

14. San Marcos también dice que José "esperaba el reino de Dios" (v. 43). ¿Cómo reconoce usted a alguien que está "buscando el reino de Dios"? ¿Qué caracteriza a tal persona?

15. ¿Diría que usted está buscando el reino de Dios? Si es así, ¿cómo podría la gente saber que usted verdaderamente busca el reino de Dios? ¿Hay algunas formas en que podría vivir y actuar de manera diferente y que le muestren que usted busca el reino de Dios?

Conexión con la Cruz esta Semana

Semana Santa ofrece una oportunidad para la conversión más profunda al contemplar la pasión, muerte y resurrección de Cristo. Podemos encontrar al Señor en la oración, la Escritura y la vida sacramental de la Iglesia. Es por eso que debe reunirse como grupo para discutir las lecturas de Pascua durante la Octava de Pascua, los ocho días siguientes Pascua. Esto le permitirá dedicar más tiempo esta semana a orar, leer las Escrituras y participar en las liturgias del Triduo.

Prepárese para el Triduo rezando con las lecturas diarias de la Semana Santa, particularmente ricas, cada día, usando la técnica de la *lectio divina* descrita en el Apéndice B. El significado completo de la Pascua estará más disponible para usted al meditar en estos pasajes de las Escrituras. Busque lo que Jesús tiene que decirle acerca de sus defectos y tristezas. Hable con Jesús lo más personalmente posible durante el tiempo de "respuesta" de la *lectio divina*.

Además de orar con las lecturas todos los días, asista a las ceremonias del Triduo. Estos tres días sagrados cristianos comienzan el Jueves Santo y culminan en la Pascua. Nada tiene el poder de llevarnos al misterio de la muerte y resurrección de Cristo más que las bellas liturgias del Triduo.

Planee comenzar con la Misa de la Cena del Señor en la noche del Jueves Santo, cuando la Iglesia marca la institución de la Eucaristía mediante el lavado de los pies. Después de la Misa, el sacerdote saca el pan consagrado de la Iglesia y lo lleva a una capilla de reposo donde miramos y oramos con Jesús como en el jardín de Getsemaní. Dejamos abierto el tabernáculo en la Iglesia, un espacio vacío donde Jesús debería estar, para experimentar la ausencia de nuestro Señor como lo vivieron sus discípulos después de su arresto.

El tabernáculo vacío, sin embargo, simboliza mucho más. Jesús se vació por nosotros. Antes del Jueves Santo, medite en el himno de Filipenses que leemos en la Misa del Domingo de la Pasión:

Cristo… no hizo alarde de ser igual a Dios; sino que se vació de sí y tomó la condición de esclavo, haciéndose semejante a los hombres. Y mostrándose en figura humana se humilló, se hizo obediente hasta la muerte, y una muerte en cruz. (Filipenses 2:2-8)

Considere el vacío que Cristo conoció de pie ante los tribunales, en el pretorio, llevando su cruz, clavado en el Gólgota. Vacíese para compartir su sufrimiento. Crear espacios libres en nuestra agenda puede ser una manera de vaciarnos de nuestro ajetreo, nuestra importancia personal y nuestras actividades habituales que pueden distraernos de Dios. Persevere incluso si se siente agitado por el tiempo que parece "perdido". Muchas veces, las vidas ocupadas pueden ocultar la verdad de que el aburrimiento en la oración es la verdadera razón por la que no oramos, no por nuestras muchas responsabilidades y deberes. Vaciarse a uno mismo exige dejar de lado lo que generalmente ocupa nuestras vidas interiores. Esté preparado para que sea difícil, y confíe en que Dios hará algo con esta experiencia de humildad.

En la liturgia del Viernes Santo, conmemoramos el día en que Jesús sufrió y murió leyendo o cantando la Pasión según Juan. Veneramos la cruz, el recordatorio de lo que Cristo sufrió para nuestra salvación, y para los cristianos el signo del poder y la sabiduría de Dios (Semana 3). Es la promesa de que la vida triunfará sobre el sufrimiento y la muerte. Al final de la liturgia, el sacerdote trae el pan consagrado reservado después de la Misa del Jueves Santo desde la capilla del reposo para distribuirlo, antes de bendecir y dejar partir a los fieles.

La Gran Vigilia de la noche del sábado incluye oficialmente siete lecturas del Antiguo Testamento[13] y dos del Nuevo, así como bautismos, confirmaciones y primera Eucaristía para los neófitos. Es una ceremonia litúrgica larga, pero vale la pena. Ser testigos del bautismo de adultos puede ser una experiencia intensa y poderosa, incluso si no conocemos a las personas que se bautizan. Si puedes asistir a esta ceremonia, ¡hágalo!

El Viernes Santo, medite durante al menos diez minutos en el siguiente pasaje del Padre Henri Nouwen. Considere su propia muerte, así como la de Jesús en la cruz.

Todos debemos morir. Y todos moriremos solos. Nadie puede hacer ese viaje final con nosotros. Tenemos que dejar de lado lo que es más nuestro y confiar en que no vivimos en vano. De alguna manera, morir es el mayor de los momentos humanos porque es el momento en el que se nos pide que demos todo. La forma en que morimos no solo tiene que ver con la forma en que vivimos, sino también con la forma en

---

[13] Algunas veces los párrocos eligen proclamar menos lecturas. Solo tres son obligatorias.

que vivirán aquellos que nos siguen. La muerte de Jesús nos revela que no tenemos que vivir fingiendo que la muerte no es algo que nos llega a todos. Mientras sus manos se extendían entre el cielo y la tierra, él nos pide que miremos directamente a nuestra mortalidad y confiemos en que la muerte no tiene la última palabra. Entonces podemos ver a los moribundos en nuestro mundo y darles esperanza; podemos sostener sus cuerpos moribundos en nuestros brazos y confiar en que hay brazos más poderosos que los nuestros que los recibirán y les darán la paz y la alegría que siempre desearon.

En la muerte, toda la humanidad es una. Y fue en esta humanidad agonizante donde Dios entró para darnos esperanza.[14]

—P. Henri Nouwen

Lecturas de las misas de esta semana:

Lunes de la Semana Santa:
- Isaías 42:1-7
- Salmos 27:1-3, 13-14
- Juan 12:1-11

Martes de la Semana Santa:
- Isaías 49:1-6
- Salmos 71:1-6b, 15, 17
- Juan 13:21-33, 36-38

Miércoles de la Semana Santa:
- Isaías 50:4-9
- Salmos 69:8-10, 21-22, 31,33-34
- Mateo 26:14-25

---

[14] Traducción al español de Henri Nouwen, *Walk With Jesus: Stations of the Cross* (Maryknoll: Orbis Books, 1990), pp. 70–71.

Jueves Santo:
- Éxodo 12:1-8, 11-14
- Salmos 16:12-13, 15-18
- 1 Corintios 11:23-26
- Juan 13:1-15

Viernes Santo:
- Isaías 52:13–53:12
- Salmos 31:2, 6, 12-13, 15-17, 25
- Hebreos 4:14-16; 5:7-9
- Juan 18:1–19:42

Oración conclusiva

Una buena manera de cerrar una discusión sobre las Escrituras es reunir nuestros pensamientos, problemas, miedos y esperanzas orando como grupo. Esta semana, en lugar de llevar peticiones personales a Jesús, háblele directamente sobre sus experiencias durante la discusión. Ustedes han estado meditando juntos sobre algunos de los textos más convincentes del Nuevo Testamento. La mayoría tendrá respuestas interiores desde las que podría hablarle al Señor. Incluso si su oración es algo tan simple como "Jesús, realmente no creo que hayas muerto por mí", el dar voz a eso abre un espacio para que el Espíritu Santo obre dentro de usted.

Todos fallamos a Jesús y el uno al otro a veces. Pensar en eso hoy puede hacer que usted ore con tristeza por esos momentos. También nos sentimos abandonados por Dios a veces, como Jesús se sintió en la cruz. (Su súplica, "Dios mío, Dios mío, ¿por qué me has abandonado?" aparece en Mateo 27:46).

Puede estar seguro de que no importa lo que sienta o piense, usted no es el único. Nos "encontramos" mutuamente cuando honestamente compartimos lo que está en nuestros corazones con Dios y con los demás. La luz rompe a través de nuestro aislamiento en la oscuridad (Semana 4), revelando que no estamos solos, sino que estamos juntos, el cuerpo de Cristo, acercándonos a su luz eterna, un paso a la vez.

Una vez que todos hayan orado, cierre con un Padre Nuestro o un Gloria.

Amén.

DOMINGO DE Pascua

La resurrección del Señor

Un tiempo para vivir de verdad

Ustedes han resucitado con Cristo.
—Colosenses 3:1

Oración inicial

Pídale a alguien que ore con sus propias palabras, o lea la oración siguiente en voz alta lentamente mientras los demás oran en silencio. Esta oración también se puede leer pidiendo a la mitad del grupo que rece un verso, y la otra mitad rezar el siguiente. Terminen diciendo "Amén" juntos.

El "Anima Christi" de Santa Elizabeth Ann Seton

En el nombre del Padre y del Hijo y del Espíritu Santo.

Alma de Jesús, santifícame.
Sangre de Jesús, lávame.

Pasión de Jesús, consuélame.
Llagas de Jesús, escóndanme.
Corazón de Jesús, recíbeme.
Espíritu de Jesús, dame vida.
Bondad de Jesús, perdóname.
Belleza de Jesús, atráeme.
Humildad de Jesús, humíllame.
Paz de Jesús, pacifícame.
Amor de Jesús, enciéndeme.
Reino de Jesús, ven a mí.
Gracia de Jesús, lléname.
Misericordia de Jesús, ten piedad de mí.
Santidad de Jesús, santifícame.
Pureza de Jesús, purifícame.
Cruz de Jesús, sostenme.
Clavos de Jesús, sosténganme.
Boca de Jesús, bendíceme en la vida, en la muerte, en el tiempo y en la eternidad.
Boca de Jesús, defiéndeme en la hora de la muerte.

Boca de Jesús, llámame para que vaya a ti.
Boca de Jesús, recíbeme con tus santos en la gloria para siempre. [15]

Amén.

---

[15] Traducción al español de "The Anima Christi of St. Elizabeth Seton", Catholic Tradition, http://www.catholic.org/prayers/prayer.php?p=873

Conversación de apertura

¿Alguien asistió a alguno de los servicios del Triduo, o rezó con las lecturas diarias durante la Semana Santa? ¿Cómo les fue?

Escritura y Tradición

Pídale a una persona que lea el pasaje de las Escrituras en voz alta.

Lectura

Juan 20, 1-9

[1] El primer día de la semana, muy temprano, cuando todavía estaba oscuro, María Magdalena va al sepulcro y observa que la piedra está retirada del sepulcro. [2] Llega corriendo a donde estaban Simón Pedro y el otro discípulo, el que era muy amigo de Jesús, y les dice: "Se han llevado del sepulcro al Señor y no sabemos dónde lo han puesto". [3] Salió Pedro con el otro discípulo y se dirigieron al sepulcro. [4] Corrían los dos juntos; pero el otro discípulo corría más que Pedro y llegó primero al sepulcro. [5] Inclinándose vio las sábanas en el suelo, pero no entró. [6] Después llegó Simón Pedro, que le seguía y entró en el sepulcro. Observó los lienzos en el suelo [7] y el sudario que le había envuelto la cabeza no en el suelo con los lienzos, sino enrollado en lugar aparte. [8] Entonces entró el otro discípulo, el que había llegado primero al sepulcro; vio y creyó. [9] Todavía no habían entendido que, según la Escritura, él debía resucitar de entre los muertos.

1. ¿Qué se destaca para usted en esta parte del relato de la resurrección de San Juan?
2. ¿Por qué cree que María Magdalena fue al sepulcro esa mañana? ¿Qué pudo haber sentido ella?
3. ¿Cuál parece ser la principal preocupación de María cuando va a los apóstoles, y qué indica eso sobre sus expectativas en ese día?
4. ¿Qué ven Pedro y el discípulo amado cuando miran en la tumba, y por qué San Juan pudo nombrar algunos objetos dos veces y notar especialmente la posición de los demás objetos?
5. ¿Qué palabras describen a María y Pedro en la tumba? (El texto dice que solo el discípulo amado "creyó"). Lancemos algunas palabras. ¿Qué palabras probablemente describieron a Pedro después de dejar a María en la tumba?
6. ¿Alguna vez se has sentido como María o Pedro en la tumba, o conoce a otros que se sienten así acerca de Jesús? ¿Alguien está dispuesto a compartir?

Pídale a una persona que lea el pasaje de las Escrituras en voz alta.

Lectura

Colosenses 3:1-4

[1] Por tanto, si han resucitado con Cristo, busquen los bienes del cielo, donde Cristo está sentado a la derecha de Dios, [2] piensen en las cosas del cielo, no en

las de la tierra. ³ Porque ustedes están muertos y su vida está escondida con Cristo en Dios. ⁴ Cuando se manifieste Cristo, que es vida de ustedes, entonces también ustedes aparecerán con él, llenos de gloria.

7. San Pablo dice "piensen en las cosas del cielo" en lugar de "las de la tierra" (versículo 2). ¿Qué cosas terrenales atrapan su atención? ¿Qué cree que sería necesario para desviar su atención de estas cosas y dirigirla hacia Dios?

8. ¿Alguien puede pensar en alguien que conoce cuya vida parece estar "escondida con Cristo en Dios"? ¿En qué se manifiesta eso en la forma de ser de esa persona en el mundo?

Pídale a una persona que lea el pasaje de las Escrituras en voz alta.

Lectura

Hechos 10:34a, 37-43

³⁴ Pedro tomó la palabra: "… ³⁷ Ustedes ya conocen lo sucedido por toda la Judea, empezando por Galilea, a partir del bautismo que predicaba Juan. ³⁸ Cómo Dios ungió a Jesús de Nazaret con Espíritu Santo y poder: él pasó haciendo el bien y sanando a los poseídos del Diablo, porque Dios estaba con él. ³⁹ Nosotros somos testigos de todo lo que hizo en Judea y Jerusalén. Ellos le dieron muerte colgándolo de un madero. ⁴⁰ Pero Dios lo resucitó al tercer día e hizo que se apareciese, ⁴¹ no a todo el pueblo, sino a los testigos designados de antemano por Dios: a no-

sotros, que comimos y bebimos con él después de su resurrección. [42] Nos encargó predicar al pueblo y atestiguar que Dios lo ha nombrado juez de vivos y muertos. [43] Todos los profetas dan testimonio de él, declarando que los que creen en él, en su nombre reciben el perdón de los pecados".

9. ¿Alguien quiere resumir la predicación de San Pedro? ¿Cuáles diría que son sus puntos principales y su propósito general?

10. ¿Cómo justifica San Pedro su predicación acerca de Jesús (versículos 39-41)? ¿Qué piensa usted de este motivo?

11. ¿Cree que el motivo de Pedro para testificar acerca de Jesús se aplica a nosotros? ¿Por qué sí o por qué no?

12. Los biblistas describen breves resúmenes sobre quién es Jesús, qué hizo y qué significa el *kerygma*, un término griego que significa "predicación" de la buena noticia. ¿Alguien ha intentado alguna vez predicar la "buena noticia" a alguien más? ¿Cómo les fue?

13. ¿Cómo describiría la "buena noticia" de Jesús en su propia vida?

14. ¿Cree que podrías compartir esta buena noticia personal con alguien? ¿Cuáles serían algunas formas naturales en que podríamos compartir nuestra buena noticia?

Conexión a la Cruz para la Vida

Mantenga las bendiciones de sus prácticas de Cuaresma en su vida orando regularmente con las Escrituras y recibiendo los sacramentos. Use las lecturas diarias para su *lectio divina*, o guíese con un libro del Nuevo Testamento. Comprométase quince minutos y Jesús cambiará su vida. ¡Quién no quiere eso!

Las "cosas de esta tierra" que San Pablo mencionó a los Colosenses incluyen viejos hábitos y formas de pensar y vivir que no conducen a la vida abundante que Jesús nos dio (Juan 10:10). Con demasiada frecuencia sentimos que la alegría se nos escapa porque no tenemos la relación con Jesús que nos abre al poder del Espíritu Santo que es transformador de la vida.

Una relación con Jesús crece de la misma manera que todas las relaciones: a través del tiempo y la conversación. Eso es la oración, la conversación con Dios. Hablar honestamente con Jesús, compartir su vida y buscar su respuesta nutrirá, construirá y ampliará su relación con Dios de maneras que nunca podría imaginar.

Una vida de oración regular abre el camino para que el poder de la resurrección llene nuestras vidas. Hace posible superar viejos hábitos y mentalidades. La oración es precisamente cómo podemos poner nuestras mentes en lo que está por encima de Dios, en lugar de las cosas pasajeras de esta vida. Los hábitos de pecado, las áreas de nuestras vidas que no hemos entregado a Dios, la búsqueda de lo que no puede traer la felicidad; todas estas son formas en que amamos la oscuridad en vez de la luz (Semana 4). Nos mantienen lejos de la vida de resurrección que puede hacer que nuestra alegría sea plena (Juan 15:11).

Busque el poder de la resurrección de una nueva manera este año. Escoja una parte de su vida en la que sienta la imperiosa necesidad de convertirse en una nueva creatura, dejar que lo viejo caiga al suelo, una semilla de la que pueda nacer algo nuevo (Semana 5). Encomiende esa parte de su vida a la oración. Busque en línea textos de las Escrituras relacionados con esa lucha. Por ejemplo, busque "ansiedad en la Biblia" o "lujuria en la Biblia", "temor en la Biblia" o "depresión en la Biblia". Solo nombrar su dificultad le dará al Espíritu Santo la oportunidad de trabajar en esta área de su vida.

Esto es seguro: usted no es la primera persona que ha tenido problemas con los desafíos que enfrenta. Sus hermanos y hermanas en Cristo han caminado por este camino antes de usted, y ahora están caminando por ese camino con usted. Ellos comparten pasajes de las Escrituras en la web porque quieren que usted tenga la novedad de la vida que ellos han encontrado.

Ore usando como guía uno de los pasajes de las Escrituras que encuentre durante un día o dos, y luego pase al siguiente. Menos es siempre más cuando se trata de encontrar a Cristo en la palabra. Use la guía de la *lectio divina* en el Apéndice B para ayudarle a aprovechar al máximo de la lectura en la oración. Le enseña a escuchar al Señor a través de las Escrituras. ¡La *lectio divina* funciona!

Cuando usted se compromete con la *lectio divina* con la Biblia, usted abre el camino en su corazón para que el Señor le dé "una nueva forma de pensar espiritual" en cada área de su vida (ver Efesios 4:23). San Pablo nos asegura que "las armas de [nuestro] combate no son humanas, sino son el poder de Dios para demoler fortalezas" (2 Corintios 10:4). Dios puede traer la victoria en cada dificultad que usted enfrenta, a través de su relación con Jesús, y es en la oración donde esa relación sucede. Dios hará en usted lo que usted no puede hacer por sí mismo.

Este hermoso resumen del poder de la muerte y resurrección de Cristo puede ayudar cuando necesite inspiración. Carlo Carretto aspiraba a una carrera en política hasta que los fascistas se hicieran cargo del gobierno italiano antes de la Segunda Guerra Mundial. Se lanzó en la Acción Católica, un movimiento juvenil que hacía participar a los laicos en la defensa de las prioridades religiosas y sociales de la Iglesia. Pasó veinte años en una maraña de reuniones, conferencias y organización pública. Luego lo dejó todo para convertirse en un contemplativo en el desierto de África del Norte como Hermanito de Jesús, la comunidad modelada según el estilo de vida de San Carlos de Foucauld.

Finalmente, Carretto regresó a Italia para fundar una comunidad donde los laicos pudieran participar con los hermanos en la oración y la reflexión. Fue un maestro de retiros popular y autor de muchos libros, el más famoso de los cuales es *Cartas del desierto*, que describe sus años en un monasterio argelino.

> La muerte real es la separación de Dios, y esto es insoportable; la muerte real es la falta de fe, la desesperanza y la falta de amor…

> La muerte real es el caos donde los seres humanos se encuentran cuando desobedecen al Padre, es la red enmarañada a la que se ven reducidos por sus pasiones, es la derrota total de todos sus sueños de grandeza, es la desintegración de toda su personalidad.

> La muerte real es el vacío, la oscuridad, la desolación, la desesperación, el odio, la destrucción. Así que…
> Cristo aceptó entrar en esta muerte, en esta separación, para identificarse con todos los que estaban en separación y salvarlos.

Cuando tocó las profundidades de su desesperación, anunció la esperanza con su resurrección.

Cuando se vio inmerso en la oscuridad, hizo brillar el resplandor de la verdad con su resurrección.

Cuando se sumergió en el abismo de su falta de amor, él les mostró la alegría infinita del amor de la resurrección.

Al resucitar de entre los muertos, hizo todas las cosas nuevas. Al resucitar de entre los muertos, él abrió nuevos cielos. Al resucitar de entre los muertos, él abrió una nueva vida.

—Carlo Carretto[16]

Oración conclusiva

En esta última reunión, si lo considera apropiado, alguien podría iniciar la oración con la Señal de la Cruz. Entonces cada persona podría agradecer a Dios por las bendiciones que recibió esta Cuaresma y Semana Santa. Cuando las personas terminan de orar y están en silencio, la persona que inició la oración puede cerrar leyendo la siguiente oración mientras los otros oran en silencio.

En el nombre del Padre y del Hijo y del Espíritu Santo.

Dios mío Dios, no tengo idea de a dónde voy.
No veo el camino delante de mí.

---

[16] Traducción al español de Carlo Carretto, *Carlo Carretto: Selected Writings*, (Maryknoll, NY: Orbis, 1994), 147–48.

No puedo saber con certeza dónde terminará.
Ni tampoco me conozco realmente,
y el hecho de que creo que estoy siguiendo tu voluntad
no significa que realmente lo esté haciendo.
Pero creo que el deseo de complacerte de hecho te complace.
Y espero tener ese deseo en todo lo que estoy haciendo.
Espero que nunca haga nada aparte de ese deseo.
Y sé que, si hago esto, me guiarás por el buen camino,
aunque no sepa nada al respecto.
Por lo tanto, confiaré en ti siempre
aunque pueda parecer perdido y en la sombra de la muerte.
No temeré, porque tú estás siempre conmigo,
y nunca me dejarás enfrentar mis peligros solo.

—Thomas Merton[17]

Amén.

---

[17] Traducción al español de Thomas Merton, *Thoughts in Solitude*, (New York: Farrar, Straus and Giroux, 1956), p. 79.

APÉNDICES

Para los participantes

Apéndice A: Guía de discusión en grupos pequeños

Apéndice B: Guía para buscar a Dios en la oración y las Escrituras

Apéndice C: San Ignacio y las Dos Banderas

Apéndice D: Guía para el Sacramento de la Reconciliación

Apéndice A
Guía para la discusión en grupos pequeños

Un grupo pequeño busca fomentar una exploración honesta de Jesucristo entre sus miembros. Para muchos, esta será una nueva experiencia. Usted se estará preguntando qué sucederá. ¿Encajaré en el grupo? ¿Voy a querer volver? Aquí hay algunas expectativas y valores para ayudar a los participantes a comprender cómo funcionan los grupos pequeños, lo que los hace funcionar y lo que no. Cuando un grupo se reúne por primera vez, tal vez el facilitador quiera leer lo siguiente en voz alta y conversar con los demás sobre ello para asegurarse de que las personas entiendan las reglas de un grupo pequeño.

Finalidad

Nos reunimos para buscar juntos. Nuestro propósito expreso de estar aquí es explorar juntos lo que significa vivir el evangelio de Jesucristo en y a través de la Iglesia.

Prioridad

Para cosechar todo el fruto de este viaje personal y comunitario, cada uno de nosotros hará que la participación en las reuniones semanales sea una prioridad.

Participación

Nos esforzaremos por crear un entorno en el que se anime a todos a compartir a su nivel de comodidad.

Comenzaremos y terminaremos todas las sesiones con la oración, explorando diferentes maneras de orar juntos a lo largo del tiempo. Discutiremos un pasaje de las Escrituras en cada reunión. Los participantes no necesitan leer el pasaje de antemano; nadie necesita saber nada sobre la Biblia para poder participar. El objetivo es conversar sobre el texto y ver cómo se aplica a nuestras propias vidas.

Directrices para la discusión

El propósito de nuestro tiempo de reunión es compartir una discusión "llena del Espíritu". Este tipo de diálogo ocurre cuando la presencia del Espíritu Santo es bienvenida y alentada por la naturaleza y el tenor de la discusión. Para ayudar a que esto suceda, observaremos las siguientes pautas:

- Los participantes se esfuerzan siempre por ser respetuosos, humildes, abiertos y honestos al escuchar y compartir: no interrumpen, ni responden bruscamente, ni condenan lo que otros dicen ni incluso juzgan en sus corazones.

- Los participantes comparten en el nivel que les resulta cómodo personalmente.

- El silencio es una parte vital de la experiencia. Los participantes tienen tiempo para reflexionar antes de que comience la discusión. Tenga en cuenta que a menudo ocurre un período de silencio cómodo entre las personas que hablan.

- Se alienta a los participantes a compartir con entusiasmo y, al mismo tiempo, a brindar atención para permitir que otros (especialmente los miembros más callados) tengan la oportunidad de hablar. Cada participante debe tratar de mantener un equilibrio: participar sin dominar la conversación.

- Los participantes mantienen confidencial cualquier cosa personal que pueda ser compartida en el grupo.
- Quizás lo más importante es que los participantes cultiven la atención al deseo del Espíritu Santo de estar presentes en el tiempo que pasen juntos. Cuando la conversación parezca necesitar ayuda, pida silenciosamente la intercesión del Espíritu Santo en su corazón. Cuando alguien está hablando de algo doloroso o difícil, ore para que el Espíritu Santo consuele a esa persona. Ora por el Espíritu para ayudar al grupo a responder con sensibilidad y amor. Si alguien no participa, orar por esa persona durante el silencio puede ser más útil que una pregunta directa. Estos son solo algunos ejemplos de las formas en que cada persona puede invocar personalmente al Espíritu Santo.

Tiempo

Nos reunimos semanalmente porque esa es la mejor manera de sentirnos cómodos juntos, pero podemos programar la reunión durante cualquier descanso o feriado cuando mucha gente estará fuera.

Es importante que nuestro grupo comience y termine a tiempo. En general, un grupo se reúne durante unos noventa minutos, con unos treinta minutos adicionales más o menos para tomar un refrigerio. Pónganse de acuerdo acerca de estos tiempos como grupo y hagan todo lo posible para respetarlos.

Apéndice B
Guía para buscar a Dios

A menos que usted esté convencido de que la oración es el mejor uso de su tiempo, nunca encontrará el tiempo para orar.
—Fr. Hilary Ottensmeyer, OSB[18]

¡Si tan solo tuviera el tiempo! Tiempo: solo tenemos una cantidad fija del mismo cada día. Todo tipo de exigencia socava esas horas. La comunicación moderna y las redes sociales aumentan nuestro sentido de urgencia. No es de extrañar que experimentemos deseos conflictivos sobre cómo usar nuestro tiempo.

Una cosa que todos sabemos con certeza: las relaciones requieren tiempo. Las amistades no se forman ni duran a menos que las personas pasen tiempo juntas. Los matrimonios sufren cuando los cónyuges no tienen tiempo para hablar y escucharse profundamente el uno al otro. Los padres que no dan prioridad al tiempo con sus hijos corren el riesgo de lamentar dolorosamente esa decisión en el futuro. Algunas cosas nunca cambian. Fuimos creados para las relaciones, y las relaciones toman tiempo.

Y ¿qué pasa con nuestra relación con Dios?

Así como todas las relaciones requieren tiempo, también lo necesita una amistad cada vez más profunda con Dios. ¿Qué

---

[18] Traducido del inglés de Br. Francis de Sales Wagner, OSB, ed., Sacred Rhythms: The Monastic Way Every Day (St. Meinrad, IN: Abbey Press, 2014), 5

tipo de relación tienes con una persona en tu vecindario con la que nunca has tenido una conversación personal? Incluso si sacas el bote de basura de tu vecina semanalmente porque ella está discapacitada, ella es una conocida, no una amiga. Los amigos pasan tiempo juntos. Jesús nos llamó sus amigos (Juan 15:15).

Una manera de pasar tiempo con Jesús es en la Misa. Ella siempre será el centro, la fuente y la cumbre de nuestras vidas de oración. Pero sin tiempo personal con Jesús fuera de las liturgias, el encuentro en la Misa puede parecerse al encuentro con ese vecino en una fiesta del barrio: hablar durante unos minutos sin ninguna conexión profunda. La misteriosa realidad de esa persona permanece remota.

¿Cuánto tiempo debería dedicar a la oración personal?

Un poco de esfuerzo tiene un efecto duradero en el camino con Dios. Empieza de a poco y trabaja hasta conseguir más. Si aún no estás en la práctica de priorizar un tiempo de oración diario, comienza con quince minutos si puedes. Si eso resulta demasiado difícil, prueba con diez o incluso cinco minutos.

La oración engendra la oración. A medida que experimentas el fruto de una amistad más profunda con el Señor, tu deseo por Dios crece. Tu corazón anhela más y más construir tu vida alrededor de la oración en lugar de sólo apretarla entre dos otras tareas. El hambre de Dios crece cuando se saborea la dulzura de la compañía de Jesús y se experimenta la alegría de una vida centrada en Cristo.

Fundamentos para pasar tiempo con Dios en oración

Comienza siempre reconociendo que Dios está contigo. Él está contigo incluso cuando no estás prestando atención. Cuando prestas atención a Dios, simplemente te estás enfocando en la realidad.

Santa Teresa de Ávila decía que la oración era «tratar de amistad».[19] Cualquier buena amistad implica tres cosas: hablar, escuchar y simplemente estar juntos.

1. Habla con Dios

No hay una forma incorrecta de hablar con Dios. Habla sobre cualquier cosa en tu mente. Sé realista; no solo digas lo que piensas que una persona devota debe decir o lo que cree que Dios quiere escuchar. Incluso decir: «Señor, ayúdame a orar»·es en sí mismo una oración.

Si estás bloqueado, ten en cuenta las primeras tres cosas que todos aprendemos a decir cuando niños: «gracias», «lo siento» y «por favor». Ese es un gran esquema para una conversación con Dios, ¡es tan simple como eso! Consulta también el apéndice C —«ACTS: Una forma de orar todos los días.

2. Escucha a Dios

Cada mañana me despierta el oído,
para que escuche como un discípulo.
—Isaías 50:4

No importa cuán imposible parezca, puedes aprender a discernir la voz del Señor en tu vida. Requiere práctica y guía, pero nunca olvides la promesa de Jesús: «Mis ovejas escuchan mi voz, yo las conozco y ellas me siguen» (Juan 10:27). Jesús habla en serio cuando dice lo que dice: ¡esto es alcanzable!

La forma más rápida de aprender a reconocer la voz de Dios es leer las Escrituras en la oración. La Biblia verdaderamente es la palabra de Dios expresada en palabras humanas. Con la ayuda del Espíritu Santo, su lectura se convierte en

---

[19] **Teresa of Ávila**, https://www.santateresadejesus.com/vida.

«un encuentro vivificante» (Novo Millennio Ineunte, 39). En las páginas siguientes, un simple resumen de la *lectio divina* te ayudará a descubrir lo que el Señor quiere decirte a través de la Escritura. La *lectio divina* es una forma probada de encontrar la voz del Dios viviente en las Escrituras.

3. Esté con Dios

A veces las palabras se interponen en el camino de una comunicación más profunda. San Juan de la Cruz dijo: «Una palabra habló el Padre, que fue su Hijo, y ésta habla siempre en eterno silencio, y en silencio ha de ser oída del alma».[20] El Señor dice: «Ríndanse y reconozcan que soy Dios» (Salmo 46:10).

Comienza y termina cada tiempo de oración con un minuto o dos de silencio para descansar en la presencia de Dios. Probablemente no escuches nada audible o incluso no sientas algo interiormente, pero ten confianza de que Dios está llenando ese silencio de maneras que no puedes percibir inmediatamente. A menudo, algo puede quedar muy claro más adelante en el día después de un momento de silencio en la mañana.

Lectio Divina: Juntando todo

Una de las mejores maneras de «hablar», «escuchar» y «estar con» Dios en una sola sesión es el método consagrado de orar con las Escrituras llamado *lectio divina* (que en latín significa «lectura divina»). Esta antigua práctica ha visto un tremendo crecimiento en popularidad desde el Vaticano II, en parte debido al fuerte y claro llamado de cada Papa desde el Concilio a los laicos y el clero por igual a descubrir (o redescubrir) este tesoro. Por ejemplo, el Papa Benedicto XVI dijo lo siguiente:

---

[20] San Juan de la Cruz, http://www.sanjuandelacruz.com/dichos-de-amor-y-de-luz/

En este marco, quisiera recordar y recomendar sobre todo la antigua tradición de la *Lectio divina*: la lectura asidua de la sagrada Escritura acompañada por la oración realiza el coloquio íntimo en el que, leyendo, se escucha a Dios que habla y, orando, se le responde con confiada apertura del corazón (cf. *Dei Verbum*, 25). Estoy convencido de que, si esta práctica se promueve eficazmente, producirá en la Iglesia una nueva primavera espiritual.

—Papa Benedicto XVI[21]

El término *lectio divina* a menudo se asocia con san Benito de Nursia, del siglo sexto. La Regla de san Benito mandaba a los monjes meditar sobre las Escrituras en horas específicas del día. En la Edad Media, nacieron cuatro pasos para especificar el proceso: *lectio* (lectura), *meditatio* (meditación / reflexión), *oratio* (oración) y *contemplatio* (contemplación o descanso en la presencia de Dios).

La *lectio* nos enseña a escuchar con atención una palabra o frase específica que se destaque, ya sea con fuerza o con suavidad. Como creyentes, confiamos en que el Espíritu Santo ayuda a nuestra lectura de la Escritura. Cuando algo se destaca o nos molesta en una lectura, esta es la palabra personal de Dios a nosotros, para que pensemos (meditación) y conversemos con Jesús (oración u *oratio*).

Si te resulta difícil recordar los cuatro aspectos de la *Lectio*, el método LRRD da una descripción sencilla y fácil de responder: leer, reflexionar, responder, descansar. Ver más abajo.

---

[21] Discurso del Santo Padre Benedicto XVI al Congreso Internacional en el XL Aniversario de la Constitución Conciliar *"Dei Verbum"*, Viernes 16 de Septiembre de 2005, http://www.vatican.va/content/benedict-xvi/es/speeches/2005/september/documents/hf_ben-xvi_spe_20050916_40-dei-verbum.html

LRRD: Un método para la *Lectio Divina*

Preparación

Comienza con la señal de la Cruz. Tómate un momento para estar tranquilo y quieto. Pídele al Espíritu Santo que sea el guía de tu tiempo.

1. Lee la selección de las Escrituras lenta y atentamente. Ten en cuenta cualquier palabra, frase o imagen que llame tu atención. Es útil leer el pasaje más de una vez y/o en voz alta.

2. Reflexiona. Piensa en el significado de lo que sea que haya llamado tu atención. El Espíritu Santo te atrajo por una razón. ¿Qué línea de pensamiento persigues en respuesta? Observa cualquier pregunta que surja o cualquier emoción que experimentes. Regresa al texto tantas veces como lo desees.

3. Responde. Habla con Dios sobre el pasaje, tus pensamientos o cualquier otra cosa en tu corazón. Agradécele por las bendiciones que has recibido. Pídele por tus propias necesidades, así como por las necesidades de los demás. Anota cualquier cambio o acción que desees realizar. Si el Espíritu Santo te conduce a cualquier resolución o aplicación en tu vida, escribirla te ayudará a recordarla. Pídele a Dios que te ayude a vivirla.

4. Descansa. Descansa unos minutos en silencio con el Señor. «Ríndanse y reconozcan que soy Dios» (Salmo 46:10). Este período de descanso permite que las meditaciones y oraciones del día se vayan de tu mente hasta tu corazón mientras permaneces en el abrazo amoroso del Padre.

Consejos para crear un hábito de oración diario

Reserva un horario

- Trata de pasar algún tiempo con Dios durante por lo menos un período ininterrumpido, no mientras conduces o hace otras actividades. ¡No haga varias tareas a la vez! Recuerda cómo se siente cuando estás en medio de una conversación con un amigo que de repente saca su teléfono y comienza a enviar mensajes de texto. Es un buen hábito mantener la presencia de Dios durante todo el día cuando estás haciendo otras cosas, pero dedica también un tiempo específico para enfocarte únicamente en Dios.
- Un tiempo programado ayuda a construir el hábito de la oración. Fijarte una hora regular cada día es la manera más segura de hacer que tu tiempo de oración suceda.
- Ora por la mañana si es posible.
- Orar y escuchar a Dios a primera hora de la mañana es lo mejor para muchas personas porque nada interfiere con tu oración si no sucede nada más.
- La oración de la mañana te permite literalmente buscar «primero el reino de Dios» (Mateo 6:33). También te permite la oportunidad de recuperar tu oración en algún momento posterior del día si una circunstancia imprevista interrumpe tu tiempo de oración matutina.
- Orar a primera hora de la mañana ha sido la práctica preferida de muchos santos y cristianos a lo largo de la historia, y Jesús mismo a menudo se levantaba antes del amanecer para orar en soledad.

- ¡Pero ora cómo y cuándo puedas! Es más importante programar una hora cada día que programar una hora ideal que no vas a cumplir. Si no puedes hacer tu tiempo diario de oración en la mañana, te recomendamos que comiences tu día con una simple ofrenda matutina.

No dejes que el «método» se interponga en el camino

Los cuatro pasos de la *lectio divina* pueden ayudar, pero no dejes que estos te limiten. Teresa de Ávila decía que la oración era «tratar de amistad». Una conversación entre amigos sería extraña y forzada si siempre siguiera una rutina o fórmula. Prueba diferentes maneras de hablar, escuchar y simplemente estar con Dios.

Explora otras inspiraciones o métodos para la oración. Usa el Padrenuestro o el Ordinario de la Misa como esquema de los diversos tipos de oración y petición.

A veces las palabras se interponen en el camino de una comunicación más profunda. Los amantes se miran a los ojos sin hablar. Padres e hijos se abrazan y no dicen nada. La única manera de escuchar a alguien, incluyendo a Dios, es estar en silencio. Cualquier amistad en la que nunca estés callado y atento se desvanecerá. Comienza y termina cada tiempo de oración con un minuto de silencio para descansar en la presencia de Dios.

Consejos adicionales
- Sé tú mismo y acércate a Dios tal como eres, no como crees que debes ser.

- Fíjate objetivos alcanzables

- No pases por alto los mecanismos humanos que te permitirán ser fiel a la oración diaria: ponlo en tu calendario; pon la cafetera la noche anterior para que esté lista para tu café matutino con Jesús; comprométete a ignorar los medios sociales y el correo electrónico hasta que hayas orado. ¡Pon tu alarma en el otro lado de la habitación para no apretar el botón de repetición durante 15 minutos!

- Si estás distraído, simplemente persevera. Lleva esas distracciones a la oración o escríbelas, para que puedas volver a ellas en un mejor momento. Pídele a tu Ángel de la Guarda que se encargue de ello. A Dios no le importa si estamos distraídos. Lo que él desea es el amor con el que devolvemos nuestra atención a él. Muchos encuentran útil utilizar un pequeño cuaderno o diario para ayudar a concentrarse en sus tiempos de oración.

- El Evangelical Catholic tiene un recurso llamado Nextstep en línea que es útil para crecer como un discípulo de Jesús. En este momento, Nextstep solamente está disponible en inglés. Nextstep, es un recurso de discipulado de The Evangelical Catholic. Si elige usarlo, busque el paso "Medita en la palabra de Dios". Le enseña la lectio divina y da catorce escrituras para usar. Para empezar, vaya a www.ecnextstep.com/cursos/meditateongodsword.

No idealices demasiado tu oración. La mayoría de las veces, no se «sentirá» perfecta, ni como si algo que está realmente transformando tu vida. Habrá interrupciones inesperadas, sequedad, distracciones y otras cosas que interfieran. Experimentarás momentos de alegría y de lucha en la oración. Después de un tiempo de oración, resiste la tentación de evaluar «cómo te fue». Sólo sé fiel, y con el tiempo crecerás en tu habilidad para orar y seguir las sutiles mociones del Espíritu a lo largo de tu día.

Apéndice C
San Ignacio y las Dos Banderas

Escrito en el siglo XVI por San Ignacio de Loyola, fundador de la orden jesuita, las "Dos Banderas" son un conocido ejercicio espiritual que puede ayudarle a elegir la luz en vez de la oscuridad.[22] Ignacio pasó su edad adulta en el ejército y era conocido como un aventurero vanidoso y rudo. Una bala de cañón lo golpeó durante una batalla, hiriéndose gravemente la pierna y dejándolo postrado en cama durante meses. Cuando vio que la pierna se estaba curando de una manera poco atractiva, ordenó que volvieran a quebrarla y a recomponerla. ¡Esto en la era anterior a la anestesia!

Leyendo para entretenerse durante muchos de sus meses de recuperación, Ignacio notó algo. Cuando leía historias de aventuras y romances, se emocionaba, pero la emoción se desvanecía rápidamente. Rápidamente se encontró desinteresado, insatisfecho y agitado. Por otro lado, si él leía sobre Jesús o las vidas de los santos, su interés continuaba, junto con la paz y el deseo de servir a Dios. Esto condujo a una conversión espiritual.

Ignacio salió de su casa y se convirtió en un peregrino mendicante. También comenzó a guiar a las personas a través de ejercicios espirituales utilizando las Escrituras. A partir de este trabajo, redactó sus *Ejercicios espirituales* para ayudar a las personas a juzgar más profundamente el estado del mundo, cómo son realmente ellos mismos y lo que Dios quería

---

[22] San Ignacio de Loyola, "El cuarto día, Meditación de dos banderas", disponible en http://www.centroloyolapamplona.org/wp-content/uploads/2016/03/ejercicios.pdf

para ellos. La meditación de las "Dos Banderas" es uno de estos ejercicios. Ignacio nos pide que imaginemos las fuerzas opuestas del bien y el mal como ejércitos, cada uno reunido bajo su propio estandarte. El ejército de la oscuridad y el ejército de la luz se oponen en el campo de batalla. ¿De qué lado estará usted?

Ignacio estaba convencido de que la imaginación tiene un lugar privilegiado en la vida de la oración. Al imaginarnos en las historias de las Escrituras o imaginarnos en situaciones como una batalla de luz y oscuridad, le damos a Dios la oportunidad de comunicarse con nosotros a través de nuestros sentimientos y pensamientos. Al principio, imaginar una escena puede sentirse más como algo que uno mismo está inventando más que algo inspirado por Dios. ¡No deje que esto le desanime! Pronto comenzará a notar momentos en que ocurren ideas inesperadas o surgen sentimientos. ¡Ese es el Espíritu Santo actuando en su corazón!

No deje que la preocupación por imaginar el paisaje y los personajes oscurezcan su vida interior. Es su propio corazón lo que realmente está explorando. Pregúntese: "¿Dónde hay oscuridad y dónde hay luz? ¿De qué forma elijo el mal en vez del bien?".

Ignacio creía que a las personas deberían recibir los ejercicios espirituales de un director espiritual. Esta versión escrita es un compromiso, pero si usted ingresa en ella pidiéndole a Dios que le guíe, el Espíritu Santo será su director. Algún día es posible que desee buscar un director espiritual formado por los jesuitas u otras personas capacitadas en la teología ignaciana para guiarlo a través de todos los ejercicios. Es una experiencia bendita que produce un gran fruto mucho después de que se termina el retiro.

Antes de comenzar

Reserve de veinte a treinta minutos en un lugar donde no será interrumpido. Lea todo el ejercicio primero para familiarizarse con el material. Esto le permitirá moverse a través de él con menos concentración intelectual. Trate de pasar la mayor parte del tiempo de oración imaginando, sin concentrarse, en el texto. Los pasos están numerados para que le sea más fácil. (Esta no es la misma numeración utilizada en la meditación original).

Recójase y prepárese

Comience su oración colocándose en la presencia de Dios. Tome algunas respiraciones profundas y recuerde que Dios está más cerca de usted que usted mismo. Él no sufre ninguna de las ilusiones a las que estamos sujetos, y nos mira con amor, como a sus hijos, más que a través del prisma del mundo.

Pídale a Dios la gracia de enfocarse en los sentimientos a los que el Espíritu Santo llama su atención durante este ejercicio.

Pídale al Espíritu que le revele las tendencias que pudo haber tenido en el pasado al elegir entre la oscuridad y la luz. Pídale que le muestre los momentos en que eligió una u otra.

Dé gracias a Dios por las bendiciones que le dará en este momento.

Haga participar su imaginación

1. Imagine a Jesucristo y sus seguidores en una reluciente llanura verde donde se han levantado tiendas de colores brillantes y se agitan las alas con la brisa. Mire a través del campo. Permítase responder emocionalmente a esta vista.

2. Ahora mire en la distancia. Imagine a Satanás con sus seguidores en un profundo barranco, todo gris y lleno de sombras, y el aire muerto. Permítase responder emocionalmente a esta vista también.

3. Pídale a Dios que le dé coraje para ver claramente el rostro del bien y el rostro del mal.

4. Visualice a los comandantes en ambos campos de batalla.

   - Vea a Jesús como el supremo comandante en jefe en los campos de Jerusalén.

   - Vea al enemigo de nuestra naturaleza humana, la descripción que San Ignacio hace de Satanás, en un campo babilónico, como sea que se parezca el campo de un enemigo para usted.

5. Pídale a Dios que le dé conocimiento de cómo Satanás lo engaña; Jesús lo llama el Padre de las mentiras (Juan 8:44). Ore para que sea protegido contra estas mentiras.

6. Pida el conocimiento de la verdadera vida que muestra el Comandante supremo y amoroso, así como la gracia de imitarlo.

7. Imagínese al jefe del enemigo sentado en ese gran campo de Babilonia, como en una gran silla de fuego y humo, horrible y aterrador.

   - Considera cómo él convoca a innumerables demonios que se dispersarán para hacer su obra: de una ciudad a otra y de otra a otra, y así a lo largo del mundo, hasta que estén en todos los lugares de la tierra.

- Considera cómo los instruye, cómo les dice que arrojen redes y cadenas.

- Escúchelo alentando a sus demonios a que tienten por primera vez con un anhelo de riquezas, que los hombres y mujeres que los obtienen puedan sentirse más orgullosos por lo que poseen, en lugar de ser quienes son (vano honor).

- De estos tres vicios, riquezas, vano honor y orgullo, los hombres y las mujeres se sienten atraídos por el resto.

8. Ahora vea al ejército de Cristo. Considera cómo nuestro Señor se pone en un lugar humilde, bello y atractivo.

- Considera cómo el Señor de todo el universo elige a tantas personas, apóstoles, discípulos, etc., y las envía por todo el mundo para transmitir amor y esperanza a todo tipo de persona: casados, solteros, ricos, pobres, viejos, jóvenes, trabajadores y ejecutivos.

- Considere a Jesús instruyendo a sus siervos y amigos enviados en esta expedición, alentando el deseo de ayudar a todos.

- Vea los insultos y el desprecio que los seguidores de nuestro Señor encuentran. De allí viene la humildad.

- Al igual que con los ejércitos de Lucifer, hay tres medios para formar a los discípulos: el primero, la pobreza contra la riqueza; el segundo, insultos o desprecio contra el honor mundano; el tercero, la humildad contra el orgullo. De estos tres provienen todas las otras virtudes.

9. Las siguientes preguntas pueden ayudarle a su meditación. Avance si no le sirven.

    - Pídale a Jesús que le enseñe cómo funciona su mente.
    - Pídale que lo ayude a ver cómo las personas que han elegido la luz toman sus decisiones.
    - Pregúntele a Dios qué valoran estas personas y cómo esto guía sus elecciones.

10. Después de haber imaginado todas estas cosas, pídale a María, la madre de Jesús y a cualquiera de sus santos favoritos, que intercedan por usted.

    - Pídale a Jesús, al Padre y al Espíritu Santo que lo ayuden a aprender lo que sea que Dios quiera enseñarle en esta meditación.

Descanse con Dios en sus pensamientos y sentimientos. Termine agradeciendo a Dios por las ideas que recibió. Pídale a Dios que continúe desplegando las gracias que quiere que reciba de esta meditación, y que su corazón sea receptivo a ellas.

Apéndice D
Guía para el Sacramento de la Reconciliación

Si ha pasado mucho tiempo desde la última vez que confesó, o si nunca la ha hecho, tal vez dude y esté inseguro. No deje que estos sentimientos tan comunes se interpongan en tu camino. Reconciliarse con Dios y la Iglesia siempre trae gran alegría. Dé el paso, ¡se alegrará de haberlo hecho!

Si le ayuda a aliviar sus temores, familiarícese con la descripción paso a paso del proceso a continuación. La mayoría de los sacerdotes se complacen en ayudar a cualquiera que esté dispuesto a correr el riesgo. Si olvida algo, el sacerdote se lo recordará. Así que no se preocupe por memorizar cada paso y palabra. Recuerde, Jesús no te está dando una prueba; ¡él solo quiere que usted experimente la gracia de su misericordia!

Los católicos creen que el sacerdote actúa *in persona Christi,* en la persona de Cristo. La belleza de los sacramentos es que nos tocan ambos física y espiritualmente. En el nivel físico, en la Confesión escuchamos las palabras de absolución a través de la persona del sacerdote. En el nivel espiritual, sabemos que es Cristo quien nos asegura que realmente nos ha perdonado. ¡Somos purificados!

Por lo general, tiene la opción de ir a confesión de forma anónima, en un confesionario o en una habitación con una pantalla, o cara a cara con el sacerdote. Cualquiera que sea su preferencia, el sacerdote la aceptará.

Pasos del Sacramento de la Reconciliación:

1. Prepárese para recibir el Sacramento orando y examinando su conciencia. Si necesita ayuda, puede encontrar muchas listas diferentes de preguntas en línea que lo ayudarán a examinar su conciencia.

2. Una vez que esté con el sacerdote, comience haciendo la Señal de la Cruz mientras saluda al sacerdote con estas palabras: "Bendíceme padre, porque he pecado". Entonces dígale cuánto tiempo ha pasado desde su última confesión. Si es su primera confesión, dígaselo.

3. Confiese tus pecados al sacerdote. Si no está seguro de nada, pídale que lo ayude. Ponga su confianza en Dios, que es un Padre misericordioso y amoroso.

4. Cuando termine, indíquelo diciendo: "Pido perdón por estos y todos mis pecados". No se preocupe más tarde si se ha olvidado algo. Esta declaración final cubre todo lo que no se le ocurrió en el momento. Confíe en Dios que trajo a la mente lo que él quería que abordara.

5. El sacerdote le asignará una penitencia, como una oración, una lectura de las Escrituras, o una obra de misericordia, servicio o sacrificio.

6. Exprese dolor por sus pecados diciendo un Acto de Contrición. Muchas versiones de estas oraciones se pueden encontrar en línea. Si la memorización es difícil para usted, solo diga que lo siente con sus propias palabras.

7. El sacerdote, actuando de nuevo en la persona de Cristo, le absuelve de sus pecados diciendo: "Y yo te absuelvo de tus pecados en el nombre del Padre, del Hijo y del Espíritu Santo". Responda haciendo la Señal de la Cruz y diciendo: "Amén".

8. El sacerdote ofrecerá una proclamación de alabanza, como "Den gracias al Señor, porque es bueno" (del Salmo 136). Puede responder: "Su misericordia es eterna".

9. El sacerdote lo despedirá.

10. Asegúrese de completar su penitencia asignada de inmediato o tan pronto como sea posible.

APÉNDICES

Para facilitadores

Apéndice E: La función de un facilitador

Apéndice F: Guía para cada sesión de "Con Jesús a la Cruz": Año B

Apéndice G: Dirigiendo la Oración y "Conexión a la Cruz esta semana"

Apéndice E
La función de un facilitador

Tal vez ninguna habilidad es más importante para el éxito de un grupo pequeño que la capacidad de facilitar una discusión con amor. Es el Espíritu Santo de Dios que trabaja a través de nuestro viaje espiritual personal, no necesariamente nuestro conocimiento teológico, lo que hace que esto sea posible.

Las siguientes directrices pueden ayudar a los facilitadores a evitar algunos de los escollos comunes de la discusión en grupos pequeños. El objetivo es abrir la puerta para que el Espíritu tome la iniciativa y guíe cada respuesta porque usted está en sintonía con sus movimientos.

Ore diariamente y antes de la reunión de su grupo pequeño. ¡Esta es la única forma en que puede aprender a sentir las amables mociones del Espíritu cuando éstas vienen!

Usted es un facilitador, no un maestro

Como facilitador, puede ser extremadamente tentador responder cada pregunta. Puede tener excelentes respuestas y estar emocionado de compartirlas con sus hermanos y hermanas en Cristo. Sin embargo, un método más socrático, mediante el cual usted intenta obtener respuestas de los participantes, es mucho más fructífero para todos los demás y para usted también.

Adquiera el hábito de reflejar las preguntas o comentarios de los participantes a todo el grupo antes de ofrecer su propia opinión. No es necesario que usted, como facilitador, participe de inmediato en la discusión ni ofrezca una respuesta magistral. Cuando otros hayan tratado suficientemente un problema, intente ejercer moderación en sus comentarios. Simplemente afirme lo que se ha dicho; luego agradézcales y siga adelante.

Si no sabe la respuesta a una pregunta, haga que un participante la busque en el *Catecismo de la Iglesia Católica* y la lea en voz alta al grupo. Si no puede encontrar una respuesta, solicite a alguien que investigue la pregunta para la próxima sesión. Nunca se sienta avergonzado de decir: "No sé". Simplemente reconozca la calidad de la pregunta y ofrezca hacer un seguimiento con esa persona después de investigar el asunto. Recuerde, usted es un facilitador, no un maestro.

Afirmar y alentar

Es más probable que repitamos un comportamiento cuando éste es alentado abiertamente. Si desea una participación y un intercambio más activos, confirme positivamente las respuestas de los miembros del grupo. Esto es especialmente importante si las personas comparten desde sus corazones. Un simple "Gracias por compartir eso" puede ser de gran ayuda para fomentar la discusión en su pequeño grupo.

Si alguien ha ofrecido una respuesta teológicamente cuestionable, no se ponga nervioso o combativo. Espere hasta que otros hayan ofrecido su opinión. Es muy probable que alguien ofrezca una respuesta más útil, que usted puede afirmar diciendo algo como: "Esa es la perspectiva cristiana sobre ese tema. Gracias".

Si no se da una respuesta aceptable y usted conoce la respuesta, tenga mucho cuidado y respeto en sus comentarios para no parecer presumido o farisaico. Puede comenzar con algo como: "Esas son perspectivas interesantes". Lo que la Iglesia ha dicho sobre esto es…".

Evite digresiones inútiles

Nada puede descarrilar una discusión llena de Espíritu más rápidamente que una digresión innecesaria. Intente mantener la sesión por el buen camino. Si la conversación se aparta del tema, pregúntese: "¿Es esta una digresión guiada por el Espíritu?". ¡Pregúntele al Espíritu Santo también! Si no, haga volver al grupo al punto de conversación haciendo una pregunta que dirija la conversación al pasaje de las Escrituras o a un tema sobre el cual hayan estado discutiendo. Incluso puede sugerir amablemente: "¿Nos hemos alejado un poco del tema?". La mayoría de los participantes responderán positivamente y volverán al tema a través de manera de guiar sensible.

Dicho esto, algunas digresiones pueden valer la pena si percibe un movimiento del Espíritu. Puede ser exactamente donde Dios quiere dirigir la discusión. Descubrirá que correr riesgos puede producir hermosos resultados.

No tema el silencio

Acepte los silencios. La mayoría de la gente necesita uno o dos momentos para responder a una pregunta. Es bastante natural necesitar algo de tiempo para formular nuestros pensamientos y ponerlos en palabras. Algunos pueden necesitar un momento solo para reunir el valor para hablar.

Independientemente de la razón, no tema un breve momento de silencio después de hacer una pregunta. Permita que todos en el grupo sepan desde el comienzo que ese silencio es una parte integral de la discusión normal en grupos pequeños. No necesitan estar ansiosos o incómodos cuando esto sucede. ¡Dios trabaja en silencio!

Esto se aplica también a los momentos de oración. Si nadie comparte o reza luego de una cantidad de tiempo suficiente, avance graciosamente.

El poder de la hospitalidad

Un poco de hospitalidad puede llegar lejos en la creación de la comunidad. A todos les gusta sentir que uno se ocupa de ellos. Esto es especialmente cierto en un grupo pequeño cuyo propósito es conectarse con Jesucristo, un modelo de atención, apoyo y compasión. Salude a los participantes personalmente cuando vengan por primera vez. Pregúnteles cómo estuvo su jornada. Tómese su tiempo para participar en las vidas de los participantes de su grupo pequeño. Preste especial atención a los recién llegados. Haga un esfuerzo de recordar el nombre de cada persona. Ayude a todos a sentirse cómodos y en casa. Permita que su pequeño grupo sea un entorno donde las relaciones auténticas toman forma y florecen.

Fomente la participación

Ayude a todos a participar, especialmente a aquellos que son naturalmente menos expresivos o extrovertidos. Para alentar la participación inicialmente, siempre invite a varios miembros del grupo a leer en voz alta las lecturas seleccionadas. En el futuro, incluso después de que la mayoría del grupo se sienta cómoda compartiendo, es posible que todavía tenga algunos miembros más tranquilos que rara vez ofrecen una respuesta voluntaria a una pregunta pero que estarían encantados de leer.

¿Meteorología?

Vigile el "barómetro del Espíritu Santo". ¿La discusión es agradable al Espíritu Santo? ¿Esta conversación conduce a los participantes a una conexión personal más profunda con Jesucristo? Es importante discutir los aspectos intelectuales de nuestra fe, pero la conversación a veces puede degenerar en un escaparate no edificante de intelecto y ego. Otras veces, la discusión se convierte en una oportunidad para chismorrear, detraer, quejarse o incluso difamar. Cuando esto sucede, ¡casi puedes sentirse que el Espíritu Santo abandona la habitación! Si usted es consciente de que esta dinámica ha invadido una discusión, tómese un momento para orar en silencio en su corazón. Pídale al Espíritu Santo que lo ayude a llevar la conversación a un tema más sano. Esto a menudo se puede lograr simplemente pasando a la siguiente pregunta.

Ritmo

Por lo general, lo mejor para usted es establecer el ritmo de la sesión para que finalice en el tiempo asignado, pero a veces esto puede ser imposible sin sacrificar una conversación de calidad. Si llega al final de su reunión y descubre que ha cubierto solo la mitad del material, ¡no se preocupe! Esto es a menudo el resultado de una animada discusión llena del Espíritu y de una reflexión teológica significativa.

En tal caso, puede tomar tiempo en otra reunión para cubrir el resto del material. Si solo le queda una pequeña porción, puede pedirles a los participantes que oren por sí mismos y que vengan a la siguiente reunión con cualquier pregunta o idea que puedan tener. Incluso si debe omitir una sección para terminar a tiempo, asegúrese de dejar tiempo suficiente para la oración y para revisar la sección "Encuentro con Cristo esta Semana". Esto es vital para ayudar a los participantes a integrar sus descubrimientos hechos en el grupo en sus vidas diarias.

Amistades genuinas

La mejor manera de mostrar el amor e interés de Jesús en los miembros de su pequeño grupo es reunirse con ellos para tomar un café, un postre o una comida fuera del horario de su grupo pequeño.

Puede comenzar sugiriendo que todo el grupo se reúna para tomar un helado o algún otro evento social fuera del tiempo de su grupo pequeño. Socializar permitirá que las relaciones se desarrollen al ofrecer la oportunidad de diferentes tipos de conversación que lo que sucede durante el grupo. Notará una diferencia inmediata en la calidad de la comunidad en su pequeño grupo en la próxima reunión.

Después de este primer encuentro del grupo, trate de encontrarse cara a cara con cada persona de su grupo pequeño. Esto permite una conversación más profunda y un intercambio personal, brindándole a usted la oportunidad de conocer mejor a cada participante para que pueda amarlos y atenderlos como lo haría Jesús.

Jesús llamó a los doce apóstoles para que pudieran estar "con él" (Marcos 3:14). Cuando las personas pasan tiempo juntas, comen juntas, ríen juntas, lloran juntas y hablan sobre lo que les importa, se desarrolla una intensa comunidad cristiana. Ese es el tipo de comunidad que Jesús estaba tratando de crear, y ese debe ser el tipo de comunidad que tratamos de crear, porque cambia las vidas. ¡Y las vidas cambiadas cambian el mundo!

Alegría

Recuerde que buscar el rostro del Señor trae alegría. Nada es más satisfactorio, más esclarecedor y más hermoso que fomentar una relación profunda y duradera con Jesucristo. Abrace a sus participantes y todo el viaje espiritual con un espíritu de anticipación gozosa de lo que Dios quiere lograr.

Les he dicho esto para que participen de mi alegría
y sean plenamente felices.
— Juan 15:11

Apéndice F:
Una guía para cada sesión de *Con Jesús a la Cruz: Año B*

Estas notas ayudan a los líderes a adaptar las sesiones a las necesidades de su grupo específico. Incluyen información histórica sobre los tiempos bíblicos que pueden ser relevantes en algunas circunstancias, pero no en otras, y sugieren formas de ayudar a su grupo a sentirse cómodos juntos y crecer como una comunidad en búsqueda espiritual.

Dios puede respondernos personalmente a través de las Escrituras, ya sea que conozcamos o no algo acerca de la historia del antiguo Cercano Oriente. Sin embargo, la información comúnmente conocida sobre las situaciones sociales y religiosas en la época en que vivió Jesús a veces puede ser la forma en que el Espíritu Santo nos lleva a lo que él quiere que conversemos. A veces, un breve resumen de algunos hechos ayudará a su grupo a comprender mejor las Escrituras sobre las que están discutiendo.

También le proporcionamos recursos en línea fáciles de encontrar donde puede investigar ese material usted mismo si alguna vez dirige un grupo de discusión de Escrituras sin la ayuda de una guía. Y aunque no existe un diccionario o comentario bíblico en línea específicamente católico, siempre puede escribir "interpretación católica" antes del tema que está investigando, y aparecerán muchos sitios web. Asegúrese de encontrar los que sean confiables y estén escritos por expertos con buenas credenciales.

Algunos de estos detalles históricos y religiosos son fascinantes, pero resista siempre a cualquier impulso de enseñar demasiado en lugar de facilitar la conversación. La información que proporcionamos será relevante y útil para la conversación en algunas circunstancias y no en otras. Cuando algunos hechos agreguen claridad e iluminen una discusión, compartan brevemente (idealmente) con sus propias palabras, y luego haga una pregunta acerca de cómo esta información puede profundizar nuestra comprensión de lo que estaba sucediendo y lo que significa para nosotros hoy. En otras palabras, devuelva la conversación al grupo lo más rápido posible.

Algunas de las notas de la sesión se refieren a las necesidades de un grupo en un momento particular de su desarrollo. Las notas de la primera semana incluyen sugerencias sobre cómo hacer que las personas se sientan cómodas, mientras que las notas de la última semana sugieren ideas para alentar a los participantes a avanzar hacia una vida más profunda en Cristo. Repase la guía de cada sesión mientras se prepara semanalmente. Tome algunas notas para que pueda resumir la información con sus propias palabras, en caso de que sea apropiado.

Para ayudar a su grupo a tener éxito, permita que este principio guíe cada reunión: la prioridad más importante para una discusión en grupos pequeños es seguir el liderazgo del Espíritu, no cubrir todo el material. Algunas veces Dios puede querer hablarle a su grupo a través de una sola lectura. ¡Siga la corriente! Si el Espíritu los dirige, la discusión enriquecerá al grupo mucho más que ir de prisa por todo el material.

Con respecto a cuándo comenzar su estudio de Cuaresma, muchos grupos se reúnen la semana antes del Miércoles de Ceniza para que la gente pueda conocerse entre sí sin tratar de meterse en una discusión bíblica. Recomendamos esto, si es posible. Los libros se pueden distribuir o vender en esta reunión. Podría pedirles a las personas que traigan comida o bebida para facilitar la socialización o traerlas usted mismo. Durante las presentaciones, pida a las personas que compartan su nombre y otros detalles relevantes (residencia en la universidad y ciudad de origen, años en una parroquia o vecindario, detalles de la familia, etc.). Para ayudar a las personas a abrirse un poco, pregúnteles: "¿Por qué se inscribieron (o vinieron a) este grupo? ¿Cuáles son sus esperanzas?".

Primer domingo de Cuaresma: Un tiempo para cambiar

Deje un poco más de tiempo para las presentaciones si esta es la primera reunión. Esto es más importante que cubrir todo el material.

Oración inicial: Para esta primera reunión sería ideal rezar una breve y sencilla oración improvisada pidiéndole a Dios que bendiga su tiempo juntos en esta reunión y en las próximas semanas. También podría pedirle a Dios que haga que las reuniones sean fructíferas para todos los presentes.

Orar de forma improvisada proporciona a los participantes un ejemplo de cómo hablar directamente con Dios. Si usted no suele orar en voz alta con sus propias palabras, practique haciéndolo durante su tiempo personal de oración. Acostúmbrese a hablar solo con Dios, y se sentirá cómodo haciéndolo con los demás. Para obtener más información sobre cómo dirigir la oración, consulte el Apéndice G.

Pregunta 3: Deje que las personas compartan lo que saben o que adivinen el significado de "alianza" antes de proporcionar información. Use sus propias palabras en lugar de leer estas descripciones.

La explicación de "alianza" a continuación proviene de Bible Odyssey, el diccionario bíblico en línea de la Society of Biblical Literature (SBL). Su enfoque académico del material puede ser un recurso muy útil cada vez que tenga una pregunta sobre hechos sobre los diversos grupos, situaciones sociales y otros detalles del Cercano Oriente de la antigüedad.[23]

En la Biblia hebrea, la alianza (en hebreo: *berit*) es el acuerdo formal entre Yavé y el pueblo de Israel y Judá, en el que cada uno acepta un conjunto de obligaciones hacia el otro. El lenguaje y la comprensión de la alianza se basan en los tratados antiguos del Cercano Oriente entre las naciones.

La Biblia entiende la alianza desde dos perspectivas diferentes. La alianza incondicional o eterna (hebreo *berit 'olam*) entre Yavé e Israel / Judá presume que la alianza nunca se puede romper, aunque permite el juicio divino.[24]

Conexión a Cristo: Las preguntas sobre la lectura de 1ª Pedro aparecen en esta sección porque no tendrá tiempo para analizar las tres lecturas para la liturgia del próximo domingo, especialmente si esta es su primera reunión. Las presentaciones tomarán tiempo.

Es poco probable que surjan preguntas sobre esta lectura esta semana, pero puede que sí la semana próxima cuando pregunte sobre su experiencia con los ejercicios de oración.

San Pedro dice que Jesús "fue a proclamar también a las almas encarceladas". No se hacen preguntas sobre este versículo porque muchos simplemente lo encuentran confuso. Mucha tinta se ha derramado discurriendo sobre este tema.

---

[23] Bible Odyssey, página "Quiénes somos": https://www.bibleodyssey.org/about-us. La Society of Biblical Literature se describe a sí misma como "la sociedad académica más antigua y más grande dedicada a la investigación crítica de la Biblia basada en las disciplinas centrales de las ciencias humanísticas". Con más de 8,000 miembros en todo el mundo, representa y convoca a estudiosos cuyo trabajo de la vida está relacionado con los estudios bíblicos y antiguos del Cercano Oriente. La SBL promueve el estudio académico de la Biblia y de los textos sagrados en general".

[24] Traducción al español de "Alianza en la Biblia hebrea", por Marvin A. Sweeney, profesor de la Claremont School of Theology, https://www.bibleodyssey.org/en/passages/related-articles/covenant-in-the-hebrew-bible

La posición oficial de la Iglesia es que Jesús fue a visitar a los humanos fallecidos para proclamar las buenas nuevas y liberar a los justos que se habían ido antes que él. Solo brinde esta información si se lo solicita o si parece necesario. (La enseñanza del Catecismo sobre cuándo Jesús "descendió a los infiernos", frase del Credo de los Apóstoles, está en los párrafos 632-633).

Segundo domingo de Cuaresma: Un tiempo para escuchar

Oraciones inicial y conclusiva: Abra y cierre con una oración improvisada, si es posible. Si no, use las oraciones provistas. Las instrucciones de cierre dan tiempo a las personas para expresar sus necesidades. Orar la oración conclusiva de forma improvisada le permite reunir todo lo que sucedió durante su conversación de una manera que una oración escrita nunca podría, sin importar cuán bella o profunda sea.

Conversación de apertura: Ver las notas para el primer domingo de Cuaresma en la lectura de 1ª Pedro que "fue a proclamar también a las almas encarceladas".

Pregunta 5: El párrafo 555 del *Catecismo de la Iglesia Católica*, explica cómo la Iglesia entiende la aparición de Moisés y de Elías en la Transfiguración. Use esta explicación solo si su grupo necesita más información o aclaración sobre lo que cree la Iglesia.

Pregunta 9: Esta pregunta tiene muchas subpreguntas. Para que sea más fructífero, tal vez usted quiera invitar a las personas a escuchar y responder. A continuación, indicamos una manera de cómo hacerlo, pero diga lo que viene naturalmente:

Esta pregunta tiene muchas preguntas secundarias, así que la leeré muy despacio. Haré una pausa en el medio antes de la pregunta final para darles tiempo para pensar en la primera parte. Luego haré una pausa nuevamente para darles más tiempo para pensar al final. Después de eso, preguntaré si alguien está dispuesto a compartir sus pensamientos sobre este tema. Si quieren que repita cualquier cosa, basta que lo pidan.

Es posible que no tenga tiempo para leer y discutir las ideas de Thomas Keating sobre la Transfiguración durante la reunión. Si no lo hace, pídale a su grupo que lo lea en casa. Anímelos a leerlo diciéndole al grupo que será discutido durante la conversación de apertura en la próxima reunión.

Tercer domingo de Cuaresma: Un tiempo para creer

Conversación de apertura: Se ofrece una pregunta rápida sobre la lectura de Keating en caso de que no haya tenido tiempo para leer y analizar el extracto durante la última sesión. Sáltelo si ya hablaron de ello.

Ambas lecturas discutidas en esta sesión aluden a los signos o señales. Algunos pasajes de las Escrituras indican buenas razones para pedir un signo; otros indican malas razones. No querrá que nadie se vaya con la impresión de que la Biblia insiste en que nunca es aceptable pedir un signo, o que al contrario siempre es aceptable. El *Catecismo de la Iglesia Católica* dice que los humanos necesitan signos.[25] Explore el tema para ayudar a las personas a darse cuenta de que, aunque Jesús parece condenar el pedir un signo en la lectura del Evangelio, es posible que haya estado dirigiéndose a los motivos de esa gente en lugar del valor inherente de buscar signos.

---

[25] Párrafo 1146, *Signos del mundo de los hombres:* "En la vida humana, signos y símbolos ocupan un lugar importante. El hombre, siendo un ser a la vez corporal y espiritual, expresa y percibe las realidades espirituales a través de signos y de símbolos materiales. Como ser social, el hombre necesita signos y símbolos para comunicarse con los demás, mediante el lenguaje, gestos y acciones. Lo mismo sucede en su relación con Dios".

Preguntas 12 y 13: Estas preguntas les piden a las personas que piensen en sus propias formas de responder a Dios, lo que puede ser un tema importante para su grupo. Algunas personas tienden tan fuertemente al análisis intelectual o a los hechos históricos que el intercambio de experiencias personales es inhibido, tanto por la persona con esa propensión como por otros en el grupo que no se sienten "inteligentes" o bien informados.

Idealmente, esta pregunta ayudará a los miembros del grupo a identificar sus propias tendencias por sí mismos. No debe señalar el comportamiento de otra persona, ni debería hacerlo otra persona. Es posible que desee hablar sobre usted primero para dar ejemplo de vulnerabilidad. Si un miembro del grupo comienza a hablar sobre lo que hace *otra persona*, modere el comentarista de la manera más rápida y gentil posible. Señale que todos deberíamos hablar solo por nosotros mismos.

Su respuesta al reconocimiento de cualquiera de sus propias tendencias siempre debe ser amorosa y positiva. Por ejemplo, si alguien dice: "Sí, sé que siempre quiero hablar demasiado sobre teología [o sobre la historia o sobre controversias de la Iglesia]", usted podría responder: "Es realmente útil para mí cuando me doy cuenta de algo acerca de mí mismo". Parece que Dios puede hacer más en mí cuando eso sucede. Tal vez sea porque él fue quien ayudó a que ese conocimiento me llegara".

Conexión con la Cruz esta Semana: Anime al grupo a leer Éxodo 20:1-17 por su cuenta antes de la misa de fin de semana y a comprometerse a orar quince minutos. Si el tiempo lo permite, comparta brevemente las bendiciones que recibe al orar regularmente.

Oración conclusiva: Las instrucciones piden a los miembros del grupo que hablen directamente con Dios acerca de sus necesidades como parte de su oración en lugar de enumerar sus necesidades para que usted o alguien más las eleve al Señor. Hablar con Dios frente a otras personas será completamente nuevo para muchos. Tendrá que permitir largas pausas y períodos de silencio para que las personas reúnan sus pensamientos. Para obtener más información sobre cómo ayudar a las personas a orar en voz alta juntas, lea el Apéndice G: "Dirigiendo la Oración y Conexión a la Cruz esta Semana".

Cuarto domingo de Cuaresma: Un tiempo para elegir la luz

Oración inicial: Antes de la reunión, pida a un miembro del grupo que se prepare para la función de líder en esta oración inicial. Si cree que esto sería una carga para cualquier persona a la que haya preguntado, léela en voz alta después de haberse preparado en la oración. Esta es una conmovedora historia de tristeza y pérdida que merece una preparación previa.

Conversación de apertura: Si parece que las personas no están orando por sí mismas utilizando las sugerencias de "Conexión a la Cruz", usted podría dar un testimonio de los frutos de su experiencia de pasar quince minutos con Dios durante el día y orar con los pasajes de las Escrituras sugeridos. Alternativamente, podría describir cómo considerar las preguntas en la lectura que no se discutieron durante la reunión le dieron un mayor sentido cuando usted las escuchó durante la Misa dominical.

Dar un testimonio vale la pena. Las personas a veces responden y prueban cosas nuevas cuando escuchan los beneficios que otros experimentan. Esta es una razón por la cual la conversación de apertura pregunta acerca de las experiencias de las personas al comienzo de cada reunión.

Pregunta 9: Este domingo, la Iglesia compara las lecturas del Antiguo Testamento acerca del exilio judío en Babilonia con la enseñanza de Jesús de que la gente ama más la oscuridad que la luz. Relacionar las imágenes del exilio con la oscuridad funciona espiritualmente: emocionalmente, podemos movernos fácilmente entre ellas para comprender nuestras vidas y acciones interiores. Estas imágenes evocan sentimientos similares de soledad, aislamiento y vida lejos de nuestros verdaderos hogares. Vemos que la alienación de los demás, una especie de exilio, es la oscuridad en la vida de algunas personas, incluso si esto no sucediera en la nuestra.

Pero también hay diferencias. Como explica la sesión, la Iglesia entiende el exilio como una purificación para los israelitas que han desobedecido persistentemente a Dios, y han despreciado y se han burlado de los profetas que Dios envió para ayudarlos. (Ver *Catecismo de la Iglesia Católica,* 710). La oscuridad en el Evangelio de San Juan, por otro lado, parece ser sobre lo que hacemos que queremos mantener en secreto. Amamos la oscuridad que esconde nuestra vida más de lo que amamos la luz, Jesús, quien la ilumina. La oscuridad que Jesús describe no purifica como lo hizo el exilio para los israelitas.

Sin embargo, podemos entender que los israelitas eligieron dioses falsos que adoran la oscuridad y rechazan a los profetas que Dios envió para corregirlos. Dios permitió la conquista babilónica que condujo a Israel a la oscuridad y el sufrimiento del exilio debido a estas decisiones, y usó ese sufrimiento para purificarlos.

El sufrimiento proviene de elegir lo que no puede dar vida (la oscuridad). Todos los que caminan con Cristo aprenden que el sufrimiento a menudo nos divide a un punto en que dejamos entrar a Dios en nuestras vidas y corazones. Nuestras defensas caen cuando estamos desesperados: nos damos cuenta de que la independencia es una mentira y que necesitamos desesperadamente a Dios y a otras personas.

Conexión con la Cruz esta Semana: Aliente al grupo a leer el material sobre el Sacramento de la Reconciliación. Si el tiempo lo permite, muy brevemente comparta los frutos que ha experimentado de la confesión. Muchos católicos sienten gran temor e inquietud acerca de este sacramento, lo que los mantiene alejados de las tremendas gracias que podrían recibir regularmente. Su testimonio entusiasta del poder del Sacramento en su propia vida podría ayudar a alguien a superar su propia vergüenza e incomodidad.

Aunque menos importante que fomentar el Sacramento de la Reconciliación, también puede mencionar la meditación de "Dos Banderas" de los *Ejercicios espirituales de San Ignacio*. Esto dará a los miembros del grupo un poco de la espiritualidad ignaciana y un vistazo del gran don que San Ignacio es para la Iglesia. Podría sugerir que, si suficientes personas hacen este ejercicio, el grupo podría compartir su experiencia en lugar de la conversación de apertura en la próxima reunión. Si lo hace, escriba una nota en la semana 5 para recordarlo.

Oración conclusiva: Si los miembros del grupo no expresaron las necesidades directamente a Dios la semana pasada cuando se lo sugirió por primera vez, intente de nuevo esta semana. Hablarle a Dios juntos formará espiritualmente a su grupo tanto, y posiblemente incluso más, que la discusión sobre las Escrituras. Anime a las personas con sus propias palabras. Podría decir que nadie juzga a alguien en oración y que todos comenzamos en algún momento a orar en voz alta. Dé un testimonio de cualquier fruto de esta manera de orar que haya experimentado.

Quinto domingo de Cuaresma: Un tiempo para morir

Conversación de apertura: Si la mayoría de las personas rezó la meditación de San Ignacio sobre las Dos Banderas y ustedes conversaron sobre ella, omita la Pregunta 2.

Preguntas: Familiarícese bien con las preguntas en esta sesión antes de su reunión. Las preguntas sobre la lectura de Juan 12:20-33 a veces dan seguimiento a una pregunta anterior. Omita una pregunta si el grupo ya ha explorado ese tema.

Domingo de Ramos: Un tiempo para llorar

Conversación de apertura: Haga una pausa de hasta un minuto completo después de esta pregunta para dar tiempo a las personas a pensar, recordar y encontrar las palabras. Si nadie habla, puede suscitar la conversación compartiendo brevemente su propia experiencia de la Pasión.

Esta discusión podría ser demasiado larga. Permita que solo una o dos personas hablen. Pida disculpas si otros parecían querer hablar. Con sus propias palabras, sugiera algo como esto:

Podemos continuar hablando de nuestras propias experiencias de la Pasión en otro momento. La lectura de la narración de la Pasión tomará más tiempo de lo habitual, aunque no vamos a leerla toda. Lamento interrumpir una conversación tan rica, pero quiero asegurarme de que tengamos tiempo para conversar sobre la lectura.

Para las lecturas, considere pedirle a un miembro del grupo o a varios miembros que preparen estas lecturas por adelantado. Anímelos a practicar leer la lectura lentamente, dejando tiempo para el silencio donde se indique y en cualquier otro lugar que consideren apropiado. Recomiéndeles que oren sobre ella y la ensayen. ¡La Pasión de Jesús merece ser leída bien y en oración!

Pregunta 11: Nadie querrá especular qué emociones podrían estar detrás de la determinación de Caifás de que Jesús debía morir o de la perversidad de los ataques a Jesús. Si ese es el caso, formule preguntas sobre la experiencia de los matones o cómo las personas con poder a veces tratan a otros en el trabajo o en otro lugar. Las personas que se sienten amenazadas a veces tratan de disminuir o eliminar a la persona que las amenaza.

Si eso no va a ninguna parte, proponga algunos hechos históricos. Caifás tuvo la tenencia más larga como sumo sacerdote en el primer siglo, del 18 A.C. al 37 D.C. Al parecer, tuvo mucho éxito trabajando con los romanos, el imperio que ocupó a Israel durante la vida de Jesús (y también mucho después).[26] Pregunte: ¿Qué pensaría una persona cuyo su éxito depende en los romanos de los movimientos religiosos indígenas?

Pregunta 13: En cuanto a la valentía de José de Arimatea, si la peligrosa situación de los seguidores de Jesús no aparece durante la discusión, pregunte algo similar a esto en sus propias palabras: "¿Cuál fue la situación de los amigos y discípulos de Jesús después de que el Sanedrín hubo entregado a Jesús a los romanos?". Los miembros del grupo deberían ser capaces de darse cuenta del peligro que sobrevino a los discípulos una vez que su líder estuvo en manos del imperio. Si no surge, usted puede observar que los romanos regularmente asesinaban a todos los miembros de cualquier movimiento insurreccional, y pase a la siguiente pregunta. Poncio Pilatos probablemente pensó que Jesús se llamaba a sí mismo rey porque estaba organizando una rebelión política.

Domingo de Pascua: Un tiempo para vivir realmente

Esta es la última reunión de esta serie de grupos pequeños sobre la Cuaresma. Hágala especial, pidiéndole a las personas que traigan golosinas para comer y beber después, o tráigalas usted mismo.

Aunque esta serie está terminando, su grupo no está

---

[26] Joel Marcus, *Mark 8-16: A New Translation with Introduction and Commentary*, The Anchor Yale Bible, (New Haven, CT: Yale University Press, 2009), 1002.

obligado a terminar si los miembros desean continuar. ¡Eso sería un crédito a su capacidad de facilitar y fomentar una comunidad amorosa a través de la gracia del Espíritu Santo! Si está dispuesto a seguir liderando, pregúntele al grupo en esta reunión si estarían interesados en reunirse para una serie de seis semanas para grupos pequeños, tal vez después de un descanso de algunas semanas. Encuentre otras guías para grupos pequeños de The Evangelical Catholic en nuestra página de materiales: www.evangelicalcatholic.org/materials (en inglés), o simplemente busque "Evangelical Catholic materials" (en inglés).

Reunirse todas las semanas es ideal porque nadie tiene que recordar si el grupo se reúne esa semana o no, y en un mes siempre hay alguno que no viene una vez. Sin embargo, el grupo podría considerar un cronograma modificado si eso permite que las personas continúen. Podrían reunirse cada dos semanas, o tal vez reunirse durante tres semanas seguidas, tomarse una semana libre, y luego reunirse por otras tres semanas. Sin embargo, los grupos más exitosos se reúnen semanalmente.

Primera lectura de Hechos: Esto viene de una historia mucho más grande. Nuestras preguntas son acerca de Pedro predicando las buenas nuevas porque el Leccionario seleccionó solo esa parte. Puede leer Hechos 10 para proporcionar más contexto, pero el conocimiento del contexto más amplio podría conducir a salirse del tema y hacer que la sesión se extienda demasiado. Esta sesión tiene preguntas sobre las tres lecturas y necesitará tiempo para revisar la sección "Conexión a la Cruz para la Vida". Mantenga al grupo enfocado en las "buenas nuevas" de la muerte y resurrección de Jesús, el "kerygma". ¡Muchos cristianos no pueden expresar lo que creemos que son las buenas nuevas! Si su grupo se va con un sentido más fuerte de lo que Jesús hizo y lo que significa, ese sería un resultado hermoso y mucho más importante para la fe de cada persona que cualquier otra cosa.

Pregunta 2: Si no surgen respuestas adecuadas con respecto a por qué María Magdalena fue a la tumba, pregunte: "¿Por qué razones vamos a una tumba poco después de la muerte?". Esto debería informar la discusión de lo que ella estaba sintiendo.

Pregunta 8: Si nadie puede pensar en alguien que encarna a una persona cuya vida está "escondida con Cristo en Dios", invite al grupo a imaginar a qué se parecería la vida de alguien que viviera de esta manera.

Oración conclusiva: Debido a que esta es la última reunión (por lo menos durante la Cuaresma), haga que la oración conclusiva sea especial. Las instrucciones piden a todos que expresen acción de gracias por las bendiciones que recibieron esta Cuaresma y Pascua. Si su grupo aún no puede orar en voz alta, ore primero para dar un ejemplo de los tipos de cosas que podrían decir. Revise de antemano la sección "Conexión a la Cruz para la Vida" para obtener ideas sobre lo que podría ayudar a los miembros del grupo en sus vidas espirituales, y pida específicamente las bendiciones que las personas necesitan.

Apéndice G:
Dirigiendo la Oración y "Conexión a la Cruz esta semana".

Oración inicial

Hemos brindado a propósito una oración inicial guiada en la mayoría de las sesiones porque puede ayudar a las personas que son completamente nuevas en los grupos pequeños y en la oración compartida a sentirse más a gusto. Si todos o la mayoría de las personas presentes ya se sienten cómodas con la oración grupal, hágalas participar en las reuniones posteriores.

Como facilitador, su objetivo es brindar oportunidades para que todos puedan crecer en dirigir la oración. Después de la primera reunión, dígale al grupo que dejará tiempo al final de su oración para que otros expresen sus esperanzas para el tiempo en que el grupo pasa juntos. En la semana 3, podría invitar a otras personas a abrir el grupo con una oración.

Si se siente cómodo dirigiendo una oración de apertura improvisada, siéntase libre de hacerlo tan pronto como lo desee. Por ejemplo, podría comenzar cualquier semana alabando y agradeciendo al Señor por el don de reunirnos. Dé gracias a Dios por dar a cada persona presente el deseo de sacrificar su tiempo para asistir al grupo. Podrías pedirle al Espíritu Santo que le ayude a abrir corazones e iluminar las mentes a los pasajes de las Escrituras que estará leyendo. Pídale al Espíritu Santo que guíe la discusión para que todos puedan crecer. Termine diciendo algo como, "Lo pedimos por Cristo nuestro Señor" o "Lo pedimos en el nombre de Jesús", y luego termine con la Señal de la Cruz.

Algunos elementos esenciales para la oración improvisada:

- Hable en el plural en primera persona "nosotros". Por ejemplo, "Espíritu Santo, *nosotros* te pedimos que abras *nuestros* corazones...". Está bien agregar una frase pidiéndole al Espíritu Santo que le ayude a facilitar la conversación como él quiera, o algo ese sentido, pero la mayor parte de la oración debería ser por todo el grupo.

- Hable directamente a Jesús nuestro Señor. Esto puede parecer obvio, pero entre los laicos católicos, no se practica ni ejerce con frecuencia. Esto es algo muy evangélico en el sentido de que testifica del evangelio. No solo muestra cuánto nos ama el Señor, sino que también demuestra nuestra confianza en que él nos escucha. Al decir el nombre de nuestro Señor, nos recordamos a nosotros mismos, y a quienes nos escuchan, que no estamos hablando solo con nosotros mismos. Esto construye nuestra fe. Los que no están acostumbrados a escuchar a alguien orar de esta manera pueden sentirse un poco incómodos al principio, pero rápidamente se sentirán más cómodos al escuchar tales oraciones repetidamente. Recuerde, muchas gracias provienen de orar "un nombre superior a todo nombre" (véase Filipenses 2:9). Si nunca ha orado públicamente a Jesús, puede sentirse infantil al principio, pero ore pidiendo la humildad de un niño. ¡Después de todo, Jesús dijo que debíamos ser como niños! (Mateo 18:3). Mientras más oremos directamente a Jesús en nuestras vidas personales de oración, menos incómodo nos sentiremos cuando le oremos públicamente.

- Demuestre una gran confianza en que el Señor escucha su oración y la contestará. Es fantástico decir simplemente en la oración: "¡Jesús, en ti confiamos!".
- Cierre invitando a todos a unirse en una oración de la Iglesia, como el Gloria, el Padre Nuestro o el Ave María. Esto traerá a todos a la oración.

Oración conclusiva

Para la oración conclusiva, recomendamos que siempre realice una oración improvisada, incluso si proporcionamos una oración. No hay otra manera de abordar los pensamientos, inquietudes e inspiraciones que surgen en su grupo. Algunas sesiones incluyen sugerencias de temas basadas en el pasaje de las Escrituras discutido, pero orar acerca de lo que se dijo es mucho más preferible.

Si los miembros de su grupo se sienten cómodos rezando en voz alta, invite a otros a unirse a la oración conclusiva en la primera semana. Si no, espere otra semana o dos. Una vez que sienta que están listos, invítelos a participar. Podría decirle al grupo que comenzará la oración conclusiva y luego dejará un silencio para que ellos también puedan orar en voz alta. Asegúrese de que sepan que cerrará la oración del grupo guiándolos a un Padre Nuestro después de que todos hayan terminado de orar espontáneamente. Esta estructura ayuda a las personas a sentirse cómodas ofreciendo sus propias oraciones.

Si un grupo es nuevo en la oración, podría ser útil esperar varias semanas antes de invitar a los participantes a orar en voz alta para que tengan tiempo de sentirse cómodos al respecto.

A continuación, hay algunas formas posibles de comenzar este proceso. Sin embargo, no lea estas sugerencias literalmente, póngalas en sus propias palabras. No es propicio ayudar a las personas a sentirse cómodas orando en voz alta si usted está rezando de un libro.

"La oración conclusiva es un gran momento para tomar las reflexiones que hemos compartido, llevarlas a Dios y pedirle que nos ayude a hacer de cualquier inspiración una realidad en nuestras vidas. A Dios no le importa cuán bien hablados o articulados somos cuando oramos, ¡así que tampoco debería importarnos a nosotros! No juzgamos las oraciones de los demás. Recemos desde nuestros corazones, sabiendo que Dios escucha y se preocupa por lo que decimos, no por lo perfectamente que lo decimos. Cuando rezamos algo en voz alta, sabemos que el Espíritu Santo actúa poderosamente dentro de nosotros porque es el Espíritu el que nos da el coraje de hablar. Dios nos ayuda a elevar nuestros corazones".

"Esta noche, como oración conclusiva, expresemos cada uno nuestras necesidades a los demás; luego nos turnaremos poniendo nuestra mano derecha en el hombro de la persona a la derecha de nosotros y rezando por esa persona. Después de que cada uno de nosotros exprese sus necesidades de oración, comenzaré orando por Karen a mi derecha. Eso significa que necesito escuchar con atención cuando nos dice por qué ella necesita oración. Es posible que no recordemos las necesidades de todos, así que asegúrense de escuchar bien a la persona a su derecha. Voy a expresar mis necesidades de oración primero; luego daremos la vuelta al círculo por la derecha. ¿OK? ¿Alguien tiene alguna pregunta?".

Conexión con la Cruz esta Semana

Estos ejercicios semanales de oración y reflexión son fundamentales para permitirle a Jesús entrar más plenamente en los corazones de usted y los miembros de su pequeño grupo. Si no le damos a Dios el tiempo que le permite trabajar en nosotros, experimentamos mucho menos fruto de nuestras discusiones en grupos pequeños. La oración y la reflexión riegan las semillas que se han plantado durante el pequeño grupo. Sin esa agua, la semilla caerá en el suelo rocoso, el sol la quemará, y se marchitará y morirá, ya que "no tenían raíces" (Marcos 4:6). El encontrarnos solos con Cristo durante la semana nos permite estar "enraizados" (Colosenses 2:7) en Cristo y beber profundamente del "agua viva" (Juan 4:10) que él anhela derramar en nuestras almas.

Revisen juntos la sección "Conexión a la Cruz esta Semana" en grupo durante cada reunión; esto mostrará a todos que es una parte importante del grupo pequeño. Pídales retroalimentación cada semana sobre cómo van estos ejercicios de oración y reflexión. Sin embargo, no dedique demasiado tiempo a este tema, especialmente en las primeras semanas, ya que los miembros se sienten cómodos juntos y más acostumbrados a orar solos. Preguntar acerca de su experiencia con la oración o el ejercicio espiritual recomendados lo ayudará a saber quién está hambriento de crecimiento espiritual y quién podría necesitar más estímulo. El testimonio de las historias de los participantes en sus momentos de oración puede encender el interés de otros que están menos motivados para orar.

También de The Evangelical Catholic

El siguiente paso, Volumen 1
Todos lo experimentamos: una profunda brecha en nuestras vidas y en nuestro mundo, entre lo que es y lo que deseamos que sea. Por mucho que lo intentemos, nuestros esfuerzos por arreglar esta brecha por nuestra cuenta fracasan inevitablemente. La buena noticia es que no estamos solos. A través de Jesús, el Espíritu Santo, y los muchos dones en la Iglesia, Dios nos ama, nos sana, nos rescata y nos transforma. A continuación, el Volumen 1 introduce el discipulado: el «sí» que define nuestra vida para Jesús y las prácticas cotidianas de la formación permanente de nuestros corazones. En este momento, este recurso solamente está disponible en inglés. Artículo # BEC6E1

El siguiente paso, Volumen 2
En esta continuación de Nextstep, continuamos el camino de crecer en el discipulado, observando aún más de cerca la naturaleza de la libertad. Como cualquier buen padre, Dios quiere que crezcamos en madurez humana y espiritual a medida que adquirimos los gustos del reino de Dios: eligiendo para nosotros la virtud por encima del vicio y aclimatándonos a los caminos de Dios. El Volumen 2 también se enfoca en mostrar de persona a persona el amor y el cuidado de las personas que el Señor ha puesto en nuestras vidas. En este momento, este recurso solamente está disponible en inglés. Artículo # BEC6E2

El Camino, Parte 1
Como discípulos católicos de Jesús, maduramos en la medida en que permitimos que el corazón y los hábitos de Jesús y su pueblo sean cada vez más nuestros. Este estudio de seis sesiones explora el discipulado católico cristiano: la amistad con Jesús, la oración y la devoción a las Escrituras. Disponible en español.
Guía para líderes y personas individuales: Artículo # BEC5E9
Guía del usuario para grupos pequeños: Artículo # BEC5E8

El Camino, Parte 2
En este segundo volumen de El Camino, continuamos reflexionando sobre nuestra llamada a conocer y seguir a Jesús, particularmente a través de la Eucaristía, la conversión continua, la comunidad de fe y nuestra llamada a la misión. Disponible en español.
Guía para líderes y personas individuales: Artículo # BEC7E1
Guía del usuario para grupos pequeños: Artículo # BEC7E2

¡Cree!
El encuentro con Jesús en las Escrituras
Cuando la gente «rumina» la palabra de Dios a través de discusiones dinámicas de las Escrituras, el Espíritu Santo revela la persona de Jesús. Esta guía animará a todos, sin importar dónde se encuentren en su vida espiritual, a tener un encuentro personal con Jesús. Las seis sesiones de este estudio se centran en episodios en los que Jesús cambió la vida de las personas. Disponible en español. Artículo # BEC1E5

Asombrado y Asustado: Descubre el poder de Jesús
Asombrado y Asustado está diseñado para ayudar a cualquier persona «aquellos que asisten a la iglesia regularmente y aquellos que nunca antes han conocido a Jesús de una manera significativa» a sumergirse en los Evangelios. Cada una de las seis sesiones presenta una escena sobre Jesús y sus seguidores, seguida de una serie de una serie de preguntas, con el propósito de ayudar a los participantes a comenzar a reflexionar más profundamente sobre su relación con Jesús. Disponible en español. Artículo # BEC4E7

Signos y Prodigios: Encontrando a Jesús de Nazaret
Si queremos saber quién es Jesús, entonces tenemos que descubrir lo que sus amigos dijeron y escribieron sobre él. Podemos encontrar relatos detallados de la vida de Jesús «incluyendo los signos y prodigios que hizo» en los Evangelios. ¿Qué mejor manera de explorar quién es Jesús, o de profundizar la relación que ya tenemos con él, que reflexionar sobre estos relatos? Las seis sesiones incluyen algunos de los episodios más dramáticos del Evangelio. Disponible en español. Artículo # BEC3E6

Con Jesús a la Cruz, Año A
Esta guía de siete sesiones está diseñada para aquellos que acaban de comenzar su itinerario de fe, así como para aquellos que quieren profundizar en las Escrituras durante la Cuaresma. Cada sesión tiene una sección de «Conexión con la Cruz» que anima a los participantes en un pequeño grupo a continuar su lectura de las Escrituras y oración durante la semana. Cubre las lecturas de la Misa dominical del Año A desde el primer domingo de Cuaresma hasta la Pascua. Disponible en español. Artículo # BEC2E8

Con Jesús a la Cruz, Año C
Esta guía de siete sesiones está diseñada para aquellos que acaban de comenzar su itinerario de fe, así como para aquellos que quieren profundizar en las Escrituras durante la Cuaresma. Cada sesión tiene una sección de «Conexión con la Cruz» que anima a los participantes en un pequeño grupo a continuar su lectura de las Escrituras y oración durante la semana. Cubre las lecturas de la Misa dominical del Año C desde el primer domingo de Cuaresma hasta la Pascua. Disponible en español. Artículo # BEC2E6

www.ingramcontent.com/pod-product-compliance
Lightning Source LLC
Chambersburg PA
CBHW071641080526
44586CB00013BA/1200